Literatura brasileira:
do quinhentismo ao romantismo

SÉRIE POR DENTRO DA LITERATURA

Ítalo Ogliari
Mara Elisa Matos Pereira
Marione Rheinheimer
Moema Cavalcante

Literatura brasileira:
do quinhentismo ao romantismo

Rua Clara Vendramin, 58 . Mossunguê
CEP 81200-170 . Curitiba . PR . Brasil
Fone: (41) 2106-4170
www.intersaberes.com
editora@editorainterssaberes.com.br

Conselho editorial	Supervisora editorial
Dr. Ivo José Both (presidente)	Ariadne Nunes Wenger
Drª Elena Godoy	Analista editorial
Dr. Nelson Luís Dias	Ariel Martins
Dr. Neri dos Santos	Projeto gráfico
Dr. Ulf Gregor Baranow	Raphael Bernadelli
Editora-chefe	Capa
Lindsay Azambuja	Adoro Design
	Imagem da capa
	PantherMedia

1ª edição, 2013.

Foi feito o depósito legal.

Informamos que é de inteira responsabilidade dos autores a emissão de conceitos.

Nenhuma parte desta publicação poderá ser reproduzida por qualquer meio ou forma sem a prévia autorização da Editora InterSaberes.

A violação dos direitos autorais é crime estabelecido na Lei nº 9.610/1998 e punido pelo art. 184 do Código Penal.

Dados Internacionais de Catalogação na Publicação (CIP)
(Câmara Brasileira do Livro, SP, Brasil)

Literatura brasileira: do quinhentismo ao romantismo/ Marione Rheinheimer...[et al.]. Curitiba: InterSaberes, 2013. (Série Por Dentro da Literatura).

Outros autores: Moema Cavalcante, Ítalo Nunes Ogliari, Mara Elisa Matos Pereira
Bibliografia.
ISBN 978-85-8212-578-6

1. Literatura brasileira – Estudo e ensino I. Rheinheimer, Marione. II. Cavalcante, Moema. III. Ogliari, Ítalo Nunes. IV. Pereira, Mara Elisa Matos. V. Título. VI. Série.

12-09967 CDD-869.907

Índices para catálogo sistemático:
   1. Literatura brasileira: Estudo e ensino 869.907

Sumário

Apresentação, IX

(1) História da literatura brasileira: periodização, 13
    1.1   Períodos literários e seu correspondente tempo (aproximado), 15
    1.2   Literatura de informação ou quinhentismo: os textos fundadores, 17
    1.3   Barroco, 19
    1.4   Neoclassicismo (arcadismo), 21
    1.5   Romantismo, 22
    1.6   Realismo, 25

1.7 Pré-modernismo e simbolismo, 27

1.8 Modernismo, 28

1.9 Pós-modernismo, 30

(2) Colonização: os textos fundadores, 35

2.1 Literatura de informação, 40

2.2 Autores e temáticas: impressões histórico-culturais, 38

2.3 Pero Lopes de Souza, 41

2.4 Pero de Magalhães Gândavo, 41

2.5 Fernão Cardim, 43

2.6 Gabriel Soares de Sousa, 43

2.7 A Companhia de Jesus: informação jesuítica, 44

2.8 José de Anchieta, 45

2.9 Manuel da Nóbrega, 48

(3) O barroco no Brasil, 53

3.1 Principais características do barroco, 57

3.2 A poesia brasileira e a tradição de Camões, 59

3.3 A poesia de Gregório de Matos Guerra, 61

3.4 Prosa: Padre Antônio Vieira, 67

(4) Neoclassicismo: lírica, 71

4.1 Poetas líricos brasileiros, 76

(5) A poesia épica no arcadismo brasileiro, 85

5.1 Frei José de Santa Rita Durão e o *Caramuru*, 89

5.2 *O Uraguay* e as diferenças de Camões, 91

(6) Romantismo: contexto sociopolítico e cultural, 99

6.1 A origem do romantismo e suas principais características, 102

6.2 Alguns autores românticos e suas principais obras, 106

(7) Romantismo no Brasil, 113

7.1 A origem do romantismo brasileiro e suas principais características, 116

7.2 A prosa romanesca brasileira e o nascimento do romance, 121

(**8**) A poesia romântica brasileira, 127

    8.1   As três gerações da poesia romântica brasileira, 131

    8.2   Gonçalves Dias, 136

    8.3   Álvares de Azevedo, 140

    8.4   Casimiro de Abreu, 142

    8.5   Castro Alves, 144

(**9**) O romance romântico brasileiro, 149

    9.1   As três vertentes do romance romântico no Brasil, 154

    9.2   Joaquim Manuel de Macedo, 155

    9.3   José de Alencar, 157

    9.4   Visconde de Taunay, 159

    9.5   Bernardo Guimarães, 160

    9.6   Manuel Antônio de Almeida, 161

(**10**) O teatro romântico brasileiro, 165

    10.1   Martins Pena, 169

    10.2   Outros autores, 171

Referências, 175

Gabarito, 177

Apresentação

Neste livro, apresentamos as informações mais relevantes no âmbito da literatura brasileira desde a literatura de informação (século XVI) até o romantismo (século XIX), enfocando aspectos como contexto histórico, características, autores e obras referentes aos períodos literários compreendidos nesse intervalo de tempo.

A literatura tem cumprido, ao longo da história, um leque de funções, entre as quais está a de ser um depoimento do autor sobre o seu tempo. Da mesma forma, a literatura chega aos nossos sentidos evocando sensações estéticas e, com elas, propicia-nos tanto reflexão como entretenimento.

A ponte construída pela literatura une dois polos: o da mente e o do sonho. Esperamos que os textos aqui apresentados tenham essa ressonância para você: a complementaridade entre o universo do conhecimento e o mundo onírico que a ficção, com seus espaços imaginativos e suas subjetivações, aciona em nossa interioridade.

Para atender a essa sistematização numa perspectiva estrutural, o primeiro capítulo desta obra traz uma retrospectiva da história da literatura brasileira, sob o prisma da periodização literária. São examinados, assim, os períodos literários que abarcam os primeiros textos produzidos no Brasil – literatura informativa, seguida do barroco, do arcadismo, do romantismo, do realismo, do pré-modernismo, do modernismo e do pós-modernismo.

O objetivo, neste capítulo de abertura, é situar você em relação aos elementos essenciais de cada estilo de época para que possa, com base nessa configuração, processar também uma dimensão analítica dos desdobramentos da história da literatura brasileira – tanto em seus fatores externos como nos internos.

O segundo capítulo aprofunda os estudos sobre o período literário que dá início à história da literatura no Brasil – o quinhentismo, ou literatura informativa, que se desenvolveu ao longo do século XVI. São abordados fatores históricos, culturais, sociais e literários considerando-se o homem em interação com o espaço natural e cultural brasileiro como um dos principais fatores de influência na produção dos primeiros textos produzidos em nosso país.

No terceiro capítulo está em foco o barroco, evidenciando-se as tendências literárias vinculadas à interpretação contextual. Principais temáticas, autores e produções fundamentam essa análise, a qual corresponde ao período que atravessa o século XVII brasileiro, quando se acentua o dualismo psicológico-filosófico nos textos literários.

O arcadismo constitui os estudos do quarto capítulo, no qual são mencionadas também as características literárias do período conjugadas ao contexto histórico que move os escritores árcades. Aproximações e convergências buscam tecer, assim, um paralelo entre os elementos textuais e os culturais, refletindo uma expressão literária conjuntural.

Na sequência, o quinto capítulo trata, especificamente, da poesia épica no arcadismo brasileiro, cuja inspiração remonta à obra *Os Lusíadas*, do escritor português Luís Vaz de Camões. Estabelecendo-se essa comparação, o estudo da épica árcade debruça-se sobre as obras *Caramuru*, de Santa Rita Durão, e *O Uraguay*, de Basílio da Gama.

O período literário do romantismo segue-se ao arcadismo, tema do sexto capítulo, em que a tônica consiste no contexto sociopolítico e cultural. As origens do romantismo, seu ideário e suas influências no panorama nacional são algumas das abordagens desenvolvidas, bem como aproximações associativas entre o romantismo europeu e o nacional.

O sétimo capítulo concentra-se no romantismo brasileiro, perpassando por suas principais características e os autores que se destacaram. São examinadas as fontes embrionárias do romantismo no Brasil, marcando a passagem do romantismo europeu para o nacional e as peculiaridades deste.

A poesia romântica brasileira é a referência temática do oitavo capítulo. São apresentadas as três gerações da poesia – ligadas respectivamente à tendência nacionalista, ao "Mal do Século" e à poesia condoreira –, explicitando-se os poetas que se destacaram no período.

O nono capítulo trata especificamente do romance romântico brasileiro, enfatizando-se as vertentes indianista, regional e urbana. Também aqui são analisados os contextos histórico-culturais que influenciaram nossos escritores românticos, situando-se os clássicos da literatura romântica brasileira.

O teatro romântico brasileiro fecha o estudo da literatura brasileira neste volume I. O décimo capítulo, portanto, debruça-se sobre as produções teatrais e em como estas buscavam atender ao gosto de uma parcela da sociedade de então. Mais uma vez, são também tecidas relações com o contexto europeu, refletindo-se sobre as influências culturais da época.

Esperamos que você, tomando como base a contextualização enfocada neste livro, aprofunde os temas apresentados, pois nenhum estudo é definitivo; tampouco se esgotam as informações e as análises que se pode reunir. Nosso intuito é apresentar uma caracterização fundamental da história da literatura brasileira e sua periodização, mas você é quem irá iluminar essa compreensão com sua busca e seu interesse por mais leituras e pesquisas. Bons estudos!

Santa Inês Pavinato Caetano

(1)

História da literatura
brasileira: periodização

Marione Rheinheimer possui graduação em Letras pela Universidade do Vale do Rio dos Sinos – Unisinos (1996) e mestrado em Letras, com ênfase em Teoria da Literatura, pela Pontifícia Universidade Católica do Rio Grande do Sul – PUCRS (1999), onde defendeu a dissertação "A essência que nos redime: um percurso através da cegueira", enfocando o romance "Ensaio sobre a cegueira", de José Saramago.

Marione Rheinheimer

A história da literatura ocupa-se, entre outras funções, da sistematização dos períodos literários. Estes, por sua vez, são considerados em seus diferentes momentos, desde os textos fundadores da literatura brasileira – cujo ponto de partida se deu no ano de 1500 – até os nossos dias. Isso implica dizer que a história da literatura registra, através dos tempos, esses momentos que vão sucedendo-se e que abarcam, no contexto brasileiro, desde a literatura de informação até os nossos dias, na contemporaneidade.

Portanto, os historiadores da literatura reúnem, nos diferentes períodos, a literatura produzida naquele determinado contexto sócio-histórico-cultural. Assim, registram, para cada período, os autores que se destacaram e os textos que produziram, considerando as características que se assemelham entre esses textos e que vão compor, então, cada um dos períodos literários brasileiros. Paralelamente a isso, a história da literatura analisa o contexto histórico, político, social e cultural de cada época, uma vez que esse panorama influi diretamente na produção literária de nossos escritores. Desse modo, temos, em cada período literário, uma contextualização da realidade que se vai refletir nas obras.

Essa sistematização feita pela história da literatura não significa que todas as obras de um determinado período comportem as mesmas características, a mesma temática, a mesma visão de mundo por parte do elenco de escritores. Muitas vezes, uma narrativa possui características do período do qual faz parte, mas contempla, também, características do período que lhe foi anterior ou, ao contrário, "adianta" uma tendência que somente irá firmar-se no período seguinte.

(1.1)
Períodos literários e seu correspondente tempo (aproximado)

Vamos ver agora como se sistematiza a periodização da literatura brasileira. Lembre-se de que os séculos e/ou datas que iremos apontar não são rigorosamente inflexíveis – a periodização através dos tempos é apenas uma sugestão para a identificação de cada período, pois o tempo é extremamente relativo.

- Literatura de informação ou quinhentismo – século XVI;
- Barroco – século XVII;
- Neoclassicismo ou arcadismo – século XVIII;
- Romantismo – século XIX (da primeira década até em torno de 1880);
- Realismo, naturalismo e parnasianismo – século XIX (últimas duas décadas);
- Simbolismo e pré-modernismo – século XX (primeiras duas décadas);
- Modernismo – século XX (1922-1980);
- Pós-modernismo – século XX (1980 até os dias atuais).

Nas próximas seções, iremos examinar o que havia em comum em cada um desses períodos literários. Falaremos sobre o contexto histórico-cultural, bem como sobre as características literárias dos respectivos períodos.

(1.2)
Literatura de informação ou quinhentismo: os textos fundadores

Nosso primeiro período literário situa-se no século XVI da história brasileira. Inicia-se, na verdade, já em 1500 (lembre-se de que o século XVI começa em 1501), pois nessa data acontece em nossas terras algo que mudaria a trajetória histórica do Brasil: a chegada dos portugueses.

Quando os portugueses ancoraram aqui, um dos escreventes da comitiva enviada pelo Rei Dom Manuel de Portugal redigiu uma carta destinada ao monarca. Essa carta, escrita por Pero Vaz de Caminha, dava notícias sobre as terras em que os portugueses tinham aportado, relatando sobre a geografia, a paisagem, as gentes que habitavam o Brasil desse período. A carta dava notícias, portanto INFORMAVA sobre os mais diversos aspectos observados por Caminha. Foi ela que inaugurou, assim, a LITERATURA DE INFORMAÇÃO, integrando os textos fundadores desse período literário.

Os outros autores que fazem parte desse período também produziram textos considerados informativos. Isso ocorreu ao longo do século XVI e foram muitos os autores, que se encontravam entre navegadores, escreventes e também jesuítas. Os textos eram em grande parte descritivos, falavam com entusiasmo da terra brasileira e destacavam as conquistas materiais que poderiam ser realizadas aqui no Brasil. Possuíam também valor histórico pelos registros que deixaram sobre a terra e os costumes do povo primitivo – os indígenas que povoavam então o nosso território.

Da mesma forma, os jesuítas que para cá vieram ao longo do século XVI produziram textos que na maior parte eram de cunho religioso, contemplando a conquista espiritual (trabalho de catequese) que realizaram no seu contato com os indígenas. Produziram poemas, narrativas e textos teatrais que enfatizavam essa temática.

Estão entre os principais autores do período da literatura de informação:

- Pero Vaz de Caminha;
- Pero Lopes de Sousa;
- Pero de Magalhães Gândavo;

- Fernão Cardim;
- Gabriel Soares de Sousa;
- Padre Manuel da Nóbrega;
- Padre José de Anchieta.

Sobre esses autores e sobre esse período, você encontrará informações aprofundadas no Capítulo 2 deste livro. Vamos passar agora ao período seguinte de nossa periodização literária, o qual se denomina *barroco*.

(1.3)
Barroco

O barroco situa-se, temporalmente, no século XVII da história brasileira. Contávamos ainda com a presença da Companhia de Jesus (padres jesuítas que aqui se instalaram para o trabalho de cristianização). O período histórico do barroco foi um período conturbado – muitas invasões, insurgências e combates. Esses mesmos combates "externos" ocorriam também no interior do homem desses tempos.

Vejamos o que o historiador da literatura Alfredo Bosi (2008, p. 30) registra para apresentar uma caracterização do barroco: "Suposto no artista barroco um distanciamento da práxis (e do saber positivo), entende-se que a natureza e o homem se constelassem na sua fantasia como quadros fenomênicos instáveis. Imagens e sons se mutuavam de vários modos sem que pudesse determinar com rigor o peso do idêntico".

Você sabe o que é práxis? Podemos definir essa palavra como "aquilo que é prático" e, portanto, palpável e realizável. Nesse sentido, é preciso ser ou estar ESTÁVEL para poder ser, diante de determinadas circunstâncias, PRÁTICO. Repare que, na citação, Bosi fala de "quadros fenomênicos instáveis", ou seja, o homem do barroco estava, de certa forma, instável, oscilando entre diferentes valores, diferentes REALIDADES, diferentes visões de mundo.

Que oscilações seriam essas? Entre outras, o homem barroco oscilava entre os valores materiais e os espirituais, entre o objetivo e o subjetivo, entre o universo da religiosidade cristã e o universo mítico (o mundo dos mitos e do espaço simbólico considerado pelo cristianismo um espaço de PAGANISMO).

Tudo isso se refletiu na literatura produzida nesse período. Esses conflitos interiores, essas insolvências estão presentes nos textos literários barrocos. E, mais que isso, a própria linguagem deixava espaço para ambiguidades. A linguagem barroca era bastante rebuscada, complexa, e o conteúdo dos textos, dos poemas era muitas vezes de difícil compreensão. Mas nada disso elimina O BELO POÉTICO E ESTÉTICO desse período literário. Figuram entre os nomes que se destacam no barroco brasileiro:

- Bento Teixeira;
- Botelho de Oliveira;
- Gregório de Matos Guerra;
- Padre Antônio Vieira.

Esse elenco de escritores produziu uma literatura diversificada. Temos poemas religiosos/sacros, poesia lírica, poesia épica e poesia satírica. O que todos eles possuem em comum é o que alguns historiadores – como Alfredo Bosi, Antonio José Saraiva e Oscar Lopes – chamam de *culto do/ao contraste*: contraste entre diferentes ideias, diferentes visões de mundo, diferentes emoções, caracterizando um interessante acervo literário que vai constituir o período do barroco.

(1.4)
Neoclassicismo (arcadismo)

O neoclassicismo ou arcadismo desenvolve-se durante o século XVIII, período também conhecido como *Iluminismo* ou *Século das Luzes*. Foi nesse contexto que ocorreu, em 1789, a Revolução Francesa, que defendia os valores de liberdade, igualdade e fraternidade. No Brasil, o acontecimento histórico mais significativo desse período foi a Inconfidência Mineira, que ocorreu no mesmo ano em que os franceses combateram a monarquia e deram brados pela liberdade.

Os escritores desse período se inspiraram, principalmente, na literatura latina (ou romana) do início da Era Cristã para produzirem seus textos. Como a literatura latina pertence à literatura clássica, esse período literário brasileiro assume o nome de *neoclassicismo*, ou seja, novo classicismo.

Os neoclássicos ou árcades primavam pela simplicidade, opondo-se, nesse sentido, aos rebuscados e complexos escritores barrocos. Os árcades tinham, aliás em um de seus lemas a defesa desse valor; eles resgataram para si uma clássica frase romana: *carpe diem*, que significa "aproveite o dia", ou seja, "viva o dia de hoje" sem ficar em grandes desassossegos em função de preocupações futuras, pois afinal o futuro ainda não existe e é com o presente que devemos contar. Outra expressão latina que era uma espécie de bandeira do período neoclássico é o dito *inutilia truncat*, que significa "deixar de lado aquilo que não é útil", "cortar as inutilidades".

Assim, os escritores neoclássicos envolviam-se com a natureza, com a vida simples do campo, e chegavam a escolher para si pseudônimos de PASTORES, para representar essa existência campesina. É claro que eles não viviam

LITERALMENTE no campo, eles apenas FINGIAM POETICAMENTE que fossem simples pastores, pois suas produções literárias eram bucólicas, contemplando temáticas pastoris.

Os principais escritores do período neoclássico são:

- Basílio da Gama;
- Cláudio Manuel da Costa;
- Santa Rita Durão;
- Silva Alvarenga;
- Tomás Antônio Gonzaga.

Os árcades produziram, em especial, sonetos e epopeias. Os sonetos árcades são lírico-amorosos, exaltando o amor na sua simplicidade. Emoção e romantismo integram esse lirismo, no qual os sentimentos estavam sempre latentes. Nessa perspectiva, os árcades "adiantaram" o romantismo que vem a seguir. Vejamos, então, como viviam e pensavam os escritores românticos.

(1.5)
Romantismo

Esse período literário tem como referência temporal grande parte do século XIX. O momento histórico do romantismo compreende o período denominado *Segundo Império*, que se estende por grande parte do século XIX. O chamado *Primeiro Império* se deu entre os anos de 1822 e 1831, quando Dom Pedro I governou o país. A abdicação ao trono por parte desse monarca, em 1831, marca uma nova fase na história brasileira: inicia-se, então, o Segundo Império, regido por Dom Pedro II. Para que ele pudesse reger o

Brasil, ocorreu o que se chamou de *Golpe da Maioridade*, ou seja, políticos liberais proclamaram Dom Pedro II maior aos 14 anos, fato que ocorreu em 1840.

Paralelamente a isso, é nesse período do Segundo Império (1831 a 1888) que importantes acontecimentos sócio-histórico-culturais se desenvolveram e repercutiram no romantismo literário. Entre eles, destacam-se as lutas abolicionistas, a formação do Exército Brasileiro e a Guerra do Paraguai.

Ao final desse período, o Brasil tornou-se república (1889), entrando, nesse momento, em outra etapa da história nacional. Estava em plena efervescência o NACIONALISMO, e os escritores românticos representam esse sentimento de busca e de luta por uma identidade nacional em suas produções, nas quais está presente a exaltação da natureza, característica que os árcades também haviam assumido. Destacam-se, como já diz o nome *romantismo*, a escritura de romances, que muito atendiam ao gosto da burguesia ascendente, e a produção de poemas.

Os escritores românticos viviam, também, em torno da IDEALIZAÇÃO: idealizavam a mulher, a pátria, o amor, a sociedade. Voltaram-se, portanto, para o SUBJETIVISMO, isto é, cultuaram a sua interioridade, suas emoções, levando seus sentimentos a um exacerbamento, ou seja, ao quase exagero diante de todas as circunstâncias. Tanto isso é verdade que o romantismo foi cunhado pela historiografia como o *Mal do Século* – o cultivo da solidão, a angústia de existir, o pessimismo, a obsessão pela morte. Em muitos dos romances românticos – como em obras de J. W. Goethe, na Alemanha, e de Alexandre Herculano, em Portugal – as personagens tinham um dramático final: morriam ou ficavam alienadas da realidade.

Houve também nesse período literário um retorno ao MEDIEVALISMO, durante o qual os mistérios e o misticismo religioso foram muito fortes. Os românticos, portanto, eram sobremaneira intensos. Na mesma intensidade, eram também egocêntricos, voltados para suas dores, suas insatisfações, suas angústias.

Além disso, uma vez que os românticos eram tomados por um forte sentimento pela pátria e pelos valores da terra, foi também nesse período que tivemos a manifestação do INDIANISMO, com muitos romances contemplando, então, o desenvolvimento de uma temática voltada para a idealização do índio brasileiro.

Integram o elenco de escritores românticos os seguintes autores:

- ROMANCE:
    - Joaquim Manuel de Macedo;
    - José de Alencar;
    - Manuel Antonio de Almeida.

- POESIA:
    - Álvares de Azevedo;
    - Castro Alves;
    - Gonçalves Dias;
    - Gonçalves de Magalhães.

Podemos perceber que os românticos deixavam sobressair a sua imaginação, deixando-se conduzir pela sensibilidade para produzir seus romances e poemas. Veremos, agora, que o REALISMO – o período literário seguinte – vai justamente rejeitar esse modelo. Para melhor compreender esse contraste, acompanhe-nos na seção seguinte.

(1.6)
Realismo

O realismo entra em cena na segunda metade do século XIX, destacando-se, no Brasil, em especial nas duas últimas décadas (1880 a 1900). Ao contrário do ideário romântico, os realistas estavam preocupados com a observação do que lhes era exterior. Isso implica dizer que, se os românticos eram subjetivos, os realistas queriam-se OBJETIVOS. Assim, a objetividade e a observação da sociedade e de seus costumes eram valores caros ao realismo.

Historicamente, ressalta-se o CIENTIFICISMO vigente nesse período, inspirado em pensadores europeus. Consideremos, a título de síntese, algumas das filosofias que se estavam divulgando no mundo de então:

- POSITIVISMO – Auguste Comte;
- EVOLUCIONISMO – Charles Darwin;
- DETERMINISMO – Hypolite Taine.

Esses pensadores tiveram influência na concepção de mundo dos escritores realistas. Principalmente a observação, a racionalidade, a objetividade defendidas pela ciência vão ser representadas no modo de narrar dos textos realistas. Por isso, ao lado do realismo, forma-se também a corrente literária do NATURALISMO, ambas abarcando a escritura de romances.

Para a produção de poesia, o estilo literário que lhe corresponde é o PARNASIANISMO. Estes três – realismo e naturalismo nas narrativas e parnasianismo na poesia – representam em grande parte o modo de pensar dos escritores do século XIX.

O POSITIVISMO, como o nome já indica, postula para o homem uma postura positiva diante da vida, em especial no sentido de o homem ser "ativo" em suas ações e pensamentos. Atuar positivamente leva à ordem, à disciplina poderíamos dizer, fazendo do homem um ser prático – portanto objetivo. Porém, temos de guardar aqui as devidas proporções e recomendamos que você procure saber mais sobre o que está por trás do modo de pensar positivista.

O EVOLUCIONISMO de Darwin, ao lado do DETERMINISMO de Taine, postulava que a natureza do homem "determinava" o seu *modus vivendi*, isto é, as suas possibilidades existenciais estavam, de certa forma, ligadas à sua maior ou menor força de caráter, sua vitalidade biológica e até mesmo sua condição social e o meio em que havia nascido. Nesse sentido, o estilo chamado *naturalismo* significa, justamente, esse atrelamento do homem à sua própria NATUREZA BIOLÓGICA e à NATUREZA DO MEIO SOCIAL no qual se movia.

Nesse mundo "racionalista" não havia, então, espaço para os "heróis românticos". As personagens dos romances representavam a objetividade procurada em um universo voltado ao "mundo real", sem subjetivismos, sem idealizações. Os romances realistas tinham por objetivo representar a realidade e o faziam por meio da caracterização de suas personagens. Estas, muitas vezes, em suas enunciações (em suas falas e diálogos) faziam crítica à sociedade, ao clero, às instituições de toda espécie.

Os principais escritores desse período são:

- POESIA (parnasianos):
    - Alberto de Oliveira;
    - Olavo Bilac;
    - Raimundo Correia.

- ROMANCE:
    - Machado de Assis;
    - Aluísio Azevedo;
    - Raul Pompéia.

Queremos ressaltar que, entre esses escritores, Joaquim Maria Machado de Assis está para além das características "gerais" do realismo. Machado foi um autor que se desapegou de seu período literário, fazendo a sua própria história da literatura. Seus romances contemplam perfis, contextos e abordagens que vão além de seu tempo, fazendo dele uma figura *hors-concours* na literatura brasileira.

(1.7)
Pré-modernismo e simbolismo

O pré-modernismo pode ser visto quase como um período de transição entre o realismo e o modernismo. O movimento acompanhou a virada do século – e viu, portanto, os alvores do início do século XX. Tivemos nessas duas primeiras décadas em que conviveram o pré-modernismo e o simbolismo – em termos de panorama mundial – a passagem da Primeira Guerra Mundial (1914-1918) e a Revolução Russa (1917). Um pouco antes, aqui no Brasil, ocorreu na Bahia a Guerra de Canudos (1897).

Tais guerras e revoluções atuaram sobre o novo panorama que se estava formando também na literatura brasileira – o pré-modernismo iniciou o combate a um passado decadente, estabelecendo as primeiras rupturas com os valores desse passado. O simbolismo, ao mesmo tempo, firmou-se como negação ao cientificismo e ao positivismo do século XIX. Três poetas simbolistas se destacaram nesse contexto: Augusto dos Anjos, Cruz e Souza e Alphonsus de Guimaraens. Pré-modernistas, por sua vez, foram os escritores Euclides da Cunha, Graça Aranha, Lima Barreto e Monteiro Lobato.

Vamos nos deter, agora, mais ao modernismo, que tem como ponto de referência a Semana de Arte Moderna de 1922.

(1.8)
Modernismo

O modernismo se apresenta em dois momentos – ou duas gerações – de escritores brasileiros. Observe, primeiramente, a síntese que apresentamos a seguir:

- PRIMEIRA GERAÇÃO:
    - Manuel Bandeira;
    - Mário de Andrade;
    - Oswald de Andrade.

- SEGUNDA GERAÇÃO:
    - Carlos Drummond de Andrade;
    - Cecília Meireles;
    - Erico Verissimo;
    - Graciliano Ramos;
    - Jorge Amado;
    - José Lins do Rego;
    - Rachel de Queiroz.

A primeira geração integrou o grupo que concebeu a Semana de Arte Moderna e dela participou, evento realizado em São Paulo, em fevereiro de 1922. Por meio de suas produções literárias, esses escritores propunham uma NOVA VISÃO – ao mesmo tempo que uma REVISÃO da história do Brasil. Eles o fizeram com espírito de humor, com o uso da sátira, da paródia, e com uma linguagem mais próxima dos falares do povo.

A paródia está fortemente presente, por exemplo, na obra *Macunaíma*, de Mário de Andrade, na qual o "índio" Macunaíma é um herói às avessas, sem idealizações, sem as virtudes de um herói clássico. Também se identifica o primitivismo nas obras da primeira geração modernista, caracterizando-se pela busca por uma identidade nacional "bem brasileira", um retorno, assim, ao "primeiro Brasil" – o Brasil "primitivo", existente antes de ser "contaminado" pelos colonizadores.

Entre outras características, essa geração praticou a ANTROPOFAGIA literária, termo muito importante aqui nesse contexto. A antropofagia – literalmente "devoramento de carne humana" – estava adaptada à literatura modernista no sentido de que muitos modernistas "se apropriavam" de textos anteriores – "engoliam", portanto, esses textos – e os transformavam em "textos modernistas"; os autores "reeditavam" tais textos, transformando-os de uma forma "brejeira", bem-humorada, satirizando antigos costumes, antigos modos passadistas de se fazer literatura – tal como faz o poeta Manuel Bandeira no texto modernista *Os sapos*.

Já a segunda geração tematizou sentimentos de mundo intimistas, voltando-se para a interioridade das personagens, primando pela sua caracterização psicologicamente densa, profunda. Autores como Graciliano Ramos, por exemplo, fizeram isso não só no sentido de representarem o "eu interior" das personagens, mas também de se voltarem para o REGIONALISMO em seu fazer literário. O grande Erico

Verissimo, por sua vez, aprofundou a psique de suas personagens – com todas as suas fragilidades e todos os seus méritos –, perpassando quatrocentos anos de história do Brasil na insuperável obra *O tempo e o vento*.

(1.9)
Pós-modernismo

O homem pós-moderno parece debater-se e oscilar entre muitas complexidades. Assim também são as personagens e o narrador pós-moderno. Percebem-se tendências e mudanças na narrativa contemporânea (Hutcheon, 1991):

- O narrador está mais "presente" na narrativa, ele próprio "comportando-se" como personagem, mesmo quando não faz parte da história.
- Há um constante "voltar-se para si mesmo" na postura desse narrador, que muitas vezes discute o próprio processo de narração enquanto relata a história ao leitor.
- As personagens são apresentadas com todas as suas idiossincrasias, suas incoerências "humanas", representando também o homem pós-moderno.
- As narrativas debruçam-se sobre releituras de obras anteriores, dessacralizando-as, desmi(s)tificando os heróis "modelares".

Essas são algumas das características que podemos encontrar em muitas das narrativas contemporâneas. O teórico Georg Lukács (2000) dizia que o herói moderno é um "herói problemático". Talvez mais problemáticas ainda sejam as personagens e os narradores da pós-modernidade. O diálogo com outras obras é uma tônica forte nessas *diegesis* (histórias, enredos), constituindo também a intertextualidade, marcada pela relação entre textos e contextos.

Atividades

1. O principal papel da historiografia literária é:
   a. estudar os movimentos artísticos de cada época para propor, por meio da crítica, novas formas estéticas às futuras gerações.
   b. organizar e esquematizar a literatura na tentativa de melhor compreendê-la como arte desligada das influências de seu contexto sócio-histórico.
   c. organizar e esquematizar a literatura na tentativa de melhor compreendê-la, levando sempre em conta seu contexto sócio-histórico.
   d. decidir, por meio de estudos cuidadosos, quais obras e autores são relevantes para serem apresentados aos estudantes dos diversos níveis de uma determinada nação.

2. Marque a alternativa correta:
   a. Os períodos e as escolas de nossa literatura são exatamente iguais às correntes de toda a literatura europeia.
   b. O quinhentismo se constitui em uma vertente literária de caráter informativo, o que não significa que tenha o mesmo valor estético de outras obras essencialmente literárias.
   c. O barroco brasileiro foi forte apenas no âmbito literário, diferenciando-se, com isso, do movimento nos países europeus.

d. Os períodos literários geralmente seguem um ciclo temporal semelhante, nunca ultrapassando 50 ou 60 anos.

3. Faça um teste de memória. Veja se você consegue, sem retomar a leitura do capítulo, apontar a ordem certa das quatro primeiras correntes literárias brasileiras:
   a. Barroco, quinhentismo, arcadismo e romantismo.
   b. Quinhentismo, arcadismo, barroco e romantismo.
   c. Quinhentismo, barroco, arcadismo e maneirismo.
   d. Quinhentismo, barroco, arcadismo e romantismo.

4. Como vimos, o realismo concretizou-se na literatura brasileira a partir de Machado de Assis. Sobre essa afirmativa é também correto dizer:
   a. No entanto, Machado de Assis foi um dos fundadores do romantismo brasileiro. O título de *realista* fora-lhe atribuído muito tempo depois.
   b. No entanto, Machado de Assis teve, antes de seus romances realistas, uma primeira fase de produção: a fase romântica.
   c. Machado de Assis antecipou o realismo no Brasil, fazendo-o surgir antes mesmo de o romantismo estar concretizado no país.
   d. No entanto, logo passou a fazer parte do nosso modernismo, ao lado de nomes como Mário de Andrade e Oswald de Andrade.

5. Sobre o pós-modernismo é possível afirmar:
   a. Tem como elemento fundamental a intertextualidade.
   b. É, esteticamente, mais pobre do que as escolas literárias brasileiras anteriores.

c. Apesar de vir depois do modernismo, sua origem remonta aos primeiros textos escritos em solo brasileiro, como crítica à própria modernização.
d. Trata-se de um fenômeno essencialmente artístico, considerando-se que a sociedade ainda vive uma era moderna.

(2)

Colonização:
os textos fundadores

Marione Rheinheimer

A literatura brasileira tem suas origens calcadas no período do Ciclo das Navegações, literariamente caracterizado pelo chamado *quinhentismo*. Essa primeira periodização, que abrange todo o século XVI, está marcada pela chegada dos portugueses em nosso território. Foram eles que escreveram os primeiros textos literários; portanto, não se pode, ainda, falar de uma literatura eminentemente brasileira, e sim de uma literatura portuguesa feita NO Brasil e SOBRE o Brasil.

(2.1)
Literatura de informação

Os escritores que compõem o quinhentismo literário – ou literatura de informação – eram, basicamente, viajantes portugueses, ou navegantes, além de religiosos que para cá vieram com a função de doutrinarem os habitantes do Brasil de 1500 – os povos indígenas que aqui viviam. Essa "assistência religiosa" estava a cargo da Companhia de Jesus, e muitos foram os jesuítas que por aqui passaram deixando textos religiosos que estão incorporados a esse período literário.

(2.2)
Autores e temáticas: impressões histórico-culturais

Os primeiros 100 anos de literatura NO Brasil foram marcados por impressões histórico-culturais sobre as terras e as gentes brasileiras, incluindo comentários a respeito da geografia, da natureza, dos costumes sociais e, até mesmo, registros de naufrágios ocorridos durante a expansão ultramarina portuguesa:

> A literatura de viajantes, os roteiros náuticos, os relatos de naufrágios, as descrições geográficas e sociais, as descrições da natureza, as tentativas de epopeias com assunto local, são outros tantos episódios desse ramo brasileiro da literatura de expansão ultramarina do quinhentismo português. (Coutinho, 1975, p. 78)

Esse posicionamento remete ao primeiro texto escrito no Brasil – a *Carta a El Rei D. Manuel*, produzida por Pero Vaz de Caminha, na qual o cronista português descreve a geografia brasileira, a natureza e sua visão a respeito dos índios que aqui encontrou. Muitos são os trechos mais conhecidos desse documento, que foi publicado pela primeira vez pelo historiador Manuel Aires de Casal em 1817. A Carta de Caminha, por sua vez, para envio ao rei português, foi datada de 1º de maio de 1500.

> *Andavam ali muitos (índios) e a maior parte deles, ou quase, traziam aqueles bicos de osso nos beiços; e alguns que andavam sem eles traziam os beiços furados e nos buracos traziam uns espelhos de pau, que pareciam espelhos de borracha. [...] Ali andavam, entre eles, três ou quatro moças, bem moças e bem gentis, com cabelos muito pretos, caídos pelas espáduas abaixo; e suas vergonhas tão altas e tão cerradinhas e tão limpas das cabeleiras que de as olharmos muito bem não tínhamos nenhuma vergonha.* (Caminha, 1999, p. 27-28)

Percebe-se, nessa passagem, a forte impressão que causa no escrivão o modo de apresentação dos integrantes do povo indígena. Caminha destaca os "beiços furados" nos índios e a nudez das mulheres, mas uma nudez "natural", que não constrange, não envergonha os assistentes portugueses.

As características literárias do texto são o que determina que essa carta esteja integrada ao acervo da literatura quinhentista. O autor transcende a mera função informativa do texto, pois lhe imprime um estilo poético, permeado pela musicalidade, pelo ritmo e pela sonoridade do discurso. Observe o fragmento a seguir, no qual a repetição do articulador *nem* evoca a musicalidade inerente ao texto literário, além de acrescentar-lhe a reiteração dos sentidos que o escritor deseja ressaltar: "Eles não lavram nem criam; nem há aqui boi, nem vaca, nem cabra, nem ovelha nem galinha; nem nenhuma outra alimária que costumada seja ao viver dos homens; nem comem senão desse inhame que aqui há muito; e dessas sementes e frutos que a terra e as árvores de si lançam" (Caminha, 1999, p. 53).

Após Pero Vaz de Caminha, outros correspondentes e cronistas observadores dos costumes e da terra brasileira registraram em diários, em tratados e em cartas suas próprias considerações, avaliações e juízos a respeito do Brasil do século XVI. Vejamos os cinco principais escritores que formam com Pero Vaz de Caminha esse conjunto que compõe a literatura de informação, a qual se debruçou sobre os aspectos geográficos e culturais das terras recém-descobertas:

- Pero Vaz de Caminha: *Carta do achamento do Brasil* (1500);
- Pero Lopes de Sousa: *Diário da navegação* (1530);
- Pero de Magalhães Gândavo: *Tratado da terra do Brasil* e *História da Província de Santa Cruz* (1576);
- Fernão Cardim: *Narrativa epistolar* e *Tratados da terra e da gente do Brasil* (data incerta);
- Gabriel Soares de Sousa: *Tratado descritivo do Brasil em 1587.*

> *Como você deve ter observado, Caminha fala em "achamento" do Brasil. Colocamos o nome da carta tal como ele a "batizou", mas todos nós sabemos que o nosso país nem foi "achado" nem foi "descoberto" – afinal, nada acontece por acaso, não é mesmo? Até porque o Brasil não estava perdido, ora pois!*

(2.3)

Pero Lopes de Souza

O *Diário da navegação* registra as impressões do escrevente sobre a expedição realizada entre 1530 e 1532, que teve por comandante seu irmão, Martim Afonso de Souza. Um dos tópicos desse diário é a fundação da Vila de São Vicente, entre outras importantes informações que Pero Lopes (1497-1539) aponta ao longo do relato.

Infelizmente, o final de Pero Lopes foi trágico. Voltando de uma expedição à Índia, em 1539, o navegador naufragou próximo à região de Madagascar e seu corpo perdeu-se no mar. Seu diário foi encontrado em 1839 por Francisco Adolfo de Varnhagen, historiador brasileiro (Rodrigues, 1979, p. 9).

(2.4)

Pero de Magalhães Gândavo

Das duas obras de Gândavo (?-1579), damos destaque aqui ao livro *História da Província de Santa Cruz*. A obra é estruturada em 14 capítulos. Segundo o autor, seu objetivo é trazer à luz alguns aspectos pitorescos de nossa terra, especialmente naquilo em que difere dos mundos já conhecidos pelos portugueses.

Sobre o nome *Província de Santa Cruz*, o autor explica que este foi escolhido por Pedro Álvares Cabral, o qual, antes de partir das terras em que aportara, mandou colocar uma cruz em um dos pontos mais altos dessas paragens, chamando então o local de *Província de Santa Cruz* (Rodrigues, 1979, p. 34).

Da obra em estudo destacamos um trecho do Capítulo VIII, no qual Gândavo descreve uma variedade de peixe que os índios utilizavam para alimentação e que era desconhecida dos portugueses. Acompanhe a curiosa descrição que Pero de Magalhães faz do peixe-boi, que ele desconhecia até então:

> *E deixando à parte a muita variedade daqueles peixes que comumente não diferem na semelhança dos de cá, tratarei logo em especial de um certo gênero deles que há nestas partes, a que chamam peixes-bois, os quais são tão grandes que os maiores pesam quarenta, cinquenta arrobas. Têm o focinho como o de boi e dois cotos com que nadam à maneira de braços. As fêmeas têm duas tetas, com o leite das quais se criam os filhos. O rabo é largo, rombo, e não muito comprido: não têm feição alguma de nenhum peixe, somente na pele quer se parecer com toninha. Os moradores da terra os matam com arpões, e também em pesqueiras costumam tomar alguns porque vêm com a enchente da maré aos tais lugares, e com a vazante se tornam a ir para o mar donde vieram. Este peixe é muito gostoso em grande maneira, e totalmente parece carne, assim na semelhança, como no sabor, e assado não tem nenhuma diferença de lombo de porco. Também se cose com couves e guisa-se como carne, e assim não há pessoa que o coma que o julgue por peixe, salvo se o conhecer primeiro.* (Gândavo, 1980)

Sem dúvida, ler hoje esse fragmento escrito por Gândavo em 1576 pode causar-nos algum estranhamento. Você imaginaria um escritor, hoje, dissertar de tal forma sobre o peixe-boi? No entanto, apesar do modo bastante peculiar que ele utiliza em sua descrição, o valor histórico e literário da obra é ainda reconhecido, merecendo sua menção na literatura informativa do século XVI.

(2.5)
Fernão Cardim

Com alguma frequência, você já deve ter ouvido alguém chamar um conhecido de *anta*, não é mesmo? Vejamos, então, como Fernão Cardim (1548?-1601), escritor e jesuíta português, em seu livro *Tratado da terra e da gente do Brasil*, descreve esse animal ainda tão citado em algumas conversas diárias:

> *Tapyretê: Estas são as antas. Parecem-se com vacas e muito mais com mulas, o rabo é de um dedo, não têm cornos, têm uma trombada de comprimento de um palmo que encolhe e estende. Nadam e mergulham muito, mas em mergulhando logo tomam fundo, e andando por ele saem por outra parte. Há grande cópia delas nesta terra.* (Rodrigues, 1979, p. 269)

Cardim, durante sua permanência no Brasil, interessou-se sobremaneira pela vida e pela cultura indígena, assim como pelos animais que povoavam as florestas e os rios de nossas terras. O jesuíta deixou uma importante contribuição à literatura informativa – embora adotasse uma visão bastante romântica em suas apreciações.

(2.6)
Gabriel Soares de Sousa

A obra *Tratado descritivo do Brasil em 1587* constitui-se de dois capítulos: "Roteiro geral com largas informações de toda a costa do Brasil" e "Memorial e declaração das grandezas da Bahia de Todos os Santos, de sua fertilidade e das outras partes que tem". Muitos historiadores (Bosi, 2008, p. 17) consideram-no como "a fonte mais rica de informações sobre a colônia do século XVI". Gabriel de Sousa (1541-1591) dedicou-se a observações minuciosas da costa brasileira, registrando-as com percepção de naturalista.

(2.7)
A Companhia de Jesus: informação jesuítica

Em 1530, Martim Afonso de Souza – irmão de Pero Lopes de Souza, sobre o qual falamos na Seção 2.3 – chegou ao Brasil para iniciar a colonização, ou seja, para que Portugal começasse formalmente seu assentamento em nossas terras, instalando-se aqui e principiando a sistematização da exploração das muitas riquezas existentes, entre elas o pau-brasil.

Assim, em 1532, Martim Afonso de Souza funda a primeira vila brasileira, a qual recebeu o nome de *Vila de São Vicente*. Posteriormente, a Coroa portuguesa dividiu nossas terras em CAPITANIAS, cada uma formada por grandes extensões de terra, legadas a pessoas da nobreza e da fidalguia portuguesas escolhidas pelo rei para que estes as administrassem. O objetivo de tudo isso era, naturalmente, que essa divisão – esse mapeamento, poderíamos dizer – trouxesse uma significativa lucratividade: ocupação e defesa do território, conhecimento e exploração deste, gerando segurança e riquezas para o governo português.

Além dessa organização administrativa, que tinha como primeiro governador-geral o português Tomé de Souza, instalou-se também no Brasil conhecido de então uma assistência religiosa. Os religiosos representantes da doutrina cristã integravam a Companhia de Jesus, que para cá veio acompanhando esse governador, em 1549. Seu principal objetivo era o de cristianizar os indígenas por meio da catequese e da doutrinação.

Entre eles, dois jesuítas se destacaram nesse trabalho: os Padres José de Anchieta e Manuel da Nóbrega, sobre os quais vamos tratar na sequência.

(2.8)
José de Anchieta

Como dissemos na seção anterior, os jesuítas tinham como incumbência converter os índios ao cristianismo – o povo indígena era considerado pagão, ou gentio, na compreensão do povo luso. Para dar conta dessa cristianização, além do trabalho diário com os índios e da fundação de uma escola, Anchieta (1534-1597) escreveu muitos textos que reproduzem os preceitos da doutrina cristã. Ele ingressou na Companhia de Jesus aos 17 anos e aos 21 chegou ao Brasil, acompanhando a expedição do segundo governador-geral, Duarte da Costa, em 1555 (Bosi, 2008, p. 19). É grande a sua produção literária, que abrange cartas, informações históricas, sermões e poemas. No entanto, é com suas peças de teatro que esse jesuíta mais se destaca.

Havia uma função especial desempenhada pelo teatro anchietano: o padre escrevia os textos e estes eram representados durante as missas ou cerimônias religiosas, tanto para os índios como para os portugueses que aqui estavam instalados. As peças teatrais denominavam-se *autos*, pois tratavam de temas religiosos. Sabemos, também, que a palavra *auto* (de origem grega, significando "o próprio", "o mesmo") foi escolhida para esse tipo de texto – de caráter religioso – também porque, quando os primeiros autos foram escritos, na Idade Média, os próprios autores dos textos atuavam também como atores.

Dos textos que foram representados em rituais religiosos, temos registro dos três seguintes títulos: *Auto representado na Festa de São Lourenço, Na Vila de Vitória* e *Na visitação de Santa Isabel*. Uma curiosidade sobre o primeiro destes é que Anchieta escreveu as falas e as mensagens (em versos) quase todas em tupi-guarani. O missionário preocupou-se em aprender o idioma indígena tão logo aqui chegou, para que a comunicação com os "pupilos" fosse plenamente eficaz.

Além disso, Anchieta escreveu a obra *Arte de gramática da língua mais usada na costa do Brasil* (em 1595, dois anos antes de seu falecimento). Com a escritura dessa gramática, o padre objetivava ensinar aos índios aspectos FORMAIS de sua língua, para que eles compreendessem também como se estruturava a "natureza", a índole do seu falar. Mais do que isso, Anchieta desejava estruturar, nos padrões gramaticais, o idioma local – o tupi-guarani – para melhor poder transmiti-lo, ensiná-lo, principalmente às populações lusas.

Dos poemas, por sua vez, que completam o magnífico acervo literário do escritor, são estes os principais: *A Santa Inês, Em Deus, meu Criador, Poema da Virgem* e *Do Santíssimo Sacramento*. Os versos que a seguir destacamos integram o poema *Do Santíssimo Sacramento* (Bosi, 2008, p. 21). Recomendamos a leitura em voz alta, para melhor perceber e sentir a sonoridade e a musicalidade de cada verso.

Ó que pão, ó que comida,
Ó que divino manjar
Se nos dá no santo altar
cada dia!

Este dá vida imortal,
Este mata toda fome,
Porque nele Deus e homem
se contêm. [...]

Como o título já esclarece, os versos atestam a condição sagrada deste sacramento – a santa hóstia – e a importância de os fiéis, a "cada dia", participarem desse ritual de comunhão, junto ao altar, com o Criador. Assim, os comungantes teriam "vida imortal", saciando sua fome espiritual e entrando em plena harmonia com o Divino – ambos mutuamente integrados: "porque nele Deus e homem se contêm".

Anchieta foi, sem dúvida, um homem culto de seu tempo – com vasta produção literária e epistolar (aqui compreendendo o conjunto de cartas que deixou): ele escreveu também em espanhol e em latim, além do idioma tupi-guarani. Foi muito respeitado pelo povo indígena com o qual atuou, sendo pelos índios denominado de *Supremo Pajé Branco*. Ainda hoje há uma cidade com seu nome – Anchieta –, no Espírito Santo, local onde o jesuíta faleceu, em 1597.

(2.9)

Manuel da Nóbrega

Padre Nóbrega (1517-1570) chegou ao Brasil em 1549, acompanhando a comitiva de Tomé de Souza. Nóbrega foi o primeiro provincial do Brasil, chefe da primeira missão jesuítica que aportou no país. Além de catequizador, teve uma grande importância política, pois atuava como conselheiro de Mem de Sá. Em 1563, Manuel da Nóbrega e José de Anchieta intervieram na luta entre Tamoios e franceses, o que culminou com a derrota e a retirada dos franceses de nosso território, naquele momento de tensão na luta pela posse de terras.

Sua produção literária distribui-se entre cartas, observações de cunho histórico-cultural e as obras *Informação da terra do Brasil* (1549), *Diálogo sobre a conversão do gentio* (1557), *Informação das coisas da terra e necessidade que há para bem proceder nela* (1558), *Tratado contra a antropofagia* (1559) e *Caso de consciência sobre a liberdade dos índios* (1567).

Em *Diálogo sobre a conversão do gentio,* duas personagens históricas – Mateus Nogueira e Gonçalo Álvares – conversam sobre as possibilidades de conversão dos indígenas: Nogueira defende que a conversão seja possível e Álvares posiciona-se negativamente em relação à pretendida evangelização. Observe as falas seguintes:

> GONÇALO ÁLVARES – *Por demais é trabalhar com estes (índios e escravos). São tão bestiais que não lhes entra no coração coisa de Deus.*
> MATEUS NOGUEIRA – *Estou imaginando todas as almas dos homens serem uma, e todas de um metal, feitas à imagem e semelhança de Deus, e todas capazes de glória e criadas para*

ela. E tanto vale diante de Deus a alma do Papa ou a alma de um escravo. (Rodrigues, 1979, p. 258)

Como você deve ter percebido, é belíssima a defesa que Nogueira faz a partir do ataque empenhado por Álvares – enquanto este rotula os índios de *bestiais*, aquele professa que todos são iguais diante de Deus.

> *O que de fato aconteceu nesses tempos de 1500, quando os jesuítas trabalharam em prol da cristianização dos índios? Você já pensou sobre isso? Sabemos que, quando a Companhia de Jesus aqui chegou, nossos nativos tinham suas próprias crenças, voltadas para o que eles conheciam, valorizavam e admiravam: a natureza e todos os seus elementos. Recomendamos que você busque, na crítica historiográfica, mais informações sobre essa relação que se estabeleceu entre portugueses e índios.*

Neste capítulo, vimos o nascedouro da literatura brasileira – que surgiu alicerçada na produção de escritores, navegantes, jesuítas e cronistas que vieram de Portugal e marcaram sua passagem pelo Brasil. O texto que abre esse acervo é a Carta de Pero Vaz de Caminha, seguida de outros escreventes, entre eles os padres jesuítas.

Atividades

1. A literatura brasileira tem origem nos textos escritos pelos primeiros portugueses que pisaram o território brasileiro. Esses textos foram:
   a. cartas, novelas, relatórios e tratados descritivos.
   b. cartas, relatórios, sermões e romances.

c. cartas, relatórios, diários e tratados descritivos.
d. cartas, relatórios, diários e contos.

2. O padre jesuíta Manuel da Nóbrega, primeiro provincial do Brasil, veio com Tomé de Souza, o primeiro governador-geral do Brasil Colônia. Entre as obras do jesuíta, citam-se: *Informação da terra do Brasil* (1549), *Diálogo sobre a conversão do gentio* (1557), *Informação das coisas da terra e necessidade que há para bem proceder nela* (1558), *Tratado contra a antropofagia* (1559) e *Caso de consciência sobre a liberdade dos índios* (1567). Com base nesses títulos, podemos concluir que as preocupações que moviam o jesuíta são de caráter _____ e _____.

Complete o texto com uma das alternativas a seguir:
a. político – militar.
b. religioso – militar.
c. político – econômico.
d. religioso – econômico.

3. O padre jesuíta José de Anchieta, diversamente de Nóbrega, tem seu foco na educação do indígena e na conversão deste ao cristianismo. Para isso, lança mão de um recurso didático que faz parte da sua vasta obra literária. Entre os diversos gêneros literários por ele produzidos, qual deles melhor atendia a essa necessidade pedagógica e pregadora?
a. A gramática tupi-guarani.
b. Os sermões.
c. Os poemas.
d. Os autos.

4. Leia o seguinte trecho da Carta de Pero Vaz de Caminha:
"Ali andavam, entre eles, três ou quatro moças, bem moças e bem gentis, com cabelos muito pretos, caídos pelas espáduas abaixo; e suas vergonhas tão altas e tão cerradinhas e tão limpas das cabeleiras que de as olharmos muito bem não tínhamos nenhuma vergonha" (Caminha, 1999, p. 27-28).

Podemos afirmar, pelo estilo _____ (entre outras características) da Carta de Caminha, que esse texto configura-se como _____. Complete o texto com uma das alternativas a seguir:
a. poético – não literário.
b. novelístico – literário.
c. narrativo – extraliterário.
d. poético – literário.
e. descritivo – não literário.

5. Pertencem ao elenco de escritores da literatura de informação:
   a. José de Anchieta, José de Alencar, Pero de Magalhães Gândavo.
   b. Pero de Magalhães Gândavo, Pero Vaz de Caminha, Padre Manuel da Nóbrega.
   c. Pero Lopes de Souza, Fernão Cardim, Pero de Magalhães Caminha.
   d. Gabriel Soares de Sousa, José de Anchieta, Gabriel de Magalhães Gândavo.

(3)

O barroco no Brasil

Moema Cavalcante possui graduação em Letras Português-Inglês pela Universidade do Vale do Rio dos Sinos – Unisinos (1974), mestrado em Letras pela Universidade Federal do Rio Grande do Sul – UFRGS (1982), mestrado em Letras pela Université de Limoges, França (1993), e doutorado em Literatura Comparada pela mesma instituição (1998). Tem experiência na área de metodologia de ensino, atuando principalmente em pesquisas sobre literatura comparada, literatura brasileira, literatura do Rio Grande do Sul, estudos culturais, metodologia de ensino, escola, leitura e inclusão social.

Moema Cavalcante

Para entender o barroco brasileiro, é preciso revisar alguns conceitos oriundos da Europa, pois é de lá que os herdamos, principalmente por meio das artes portuguesa e espanhola.

> *Você sabe o que foi o barroco?*

O estilo literário chamado de *barroco* representa o ser humano dividido entre contrastes que o angustiam, principalmente advindos da tensão entre o racionalismo e o teocentrismo. O contexto da época é marcado pela Contrarreforma da Igreja Católica, que, no Concílio de Trento, tinha como objetivo reformar as ideias religiosas, o que desencadeou um novo pensamento e, com ele, novas maneiras de conceber a sociedade, a política e as artes de modo geral.

Dividido entre a rígida concepção religiosa e a forte necessidade de valorização do corpo humano, o homem busca a expressão desses contrastes nas artes de modo geral. O conceito barroco de *arte* opõe-se ao racionalismo clássico, buscando conciliar opostos, sem as regras de equilíbrio dos períodos antecedentes. O erótico e o místico, o monstruoso e o sublime, a alma e o corpo manifestam-se nas obras de diferentes artistas, tais como Velásquez e Rembrandt. O ser humano, sua instabilidade e seus desassossegos são apresentados na pintura, na poesia e na música. Nas igrejas barrocas da Europa, as sombras e as cores reconfiguram um mundo carnal e místico em que o céu grandioso fica povoado de anjos e demônios, do belo e do feio, de santos e madonas, do Cristo humanizado, de extrema beleza mística e corpos de erótica nudez.

No século XVII, o barroco europeu expressava várias tendências artísticas, principalmente as que foram assim denominadas: *cultismo* (ou *culteranismo*), *conceptismo* e *gongorismo* (Espanha, Portugal e Brasil), *marinismo* (Itália), *preciosismo*, *silesianismo* (França).

> *Você sabe quais são as diferenças entre o barroco europeu e o barroco no Brasil e como se manifestaram?*

No Brasil, podem ser observados os mesmos sentidos do barroco europeu, porém com diferenças estabelecidas na condição de identidade nacional brasileira. Essas diferenças se manifestaram tanto na arquitetura e na escultura como nos textos literários. Tratando especificamente da escultura, temos em Minas Gerais o maior expoente do estilo barroco no Brasil – o Aleijadinho. Nas igrejas, há ainda hoje o trabalho espetacular da escultura brasileira desse período. A época pode ser analisada como o tempo em que começa a formar-se aqui um sistema amplo de diferenças entre a arte nativa, a brasileira e a europeia.[a]

A poesia de Gregório de Matos Guerra pode ser analisada como a primeira expressão desse sentido de nacionalidade brasileira, que emergia em relação a Portugal e Espanha, com características bem marcadas. Isso ocorre principalmente nos seus versos satíricos, em que a recusa aos padrões europeus é relevante, como veremos a seguir.

(3.1)
Principais características do barroco

Descrevemos, a seguir, as principais características do movimento barroco:

- CULTO DOS CONTRASTES – A arte barroca é toda feita de oposições. No caso da literatura, na poesia barroca, empregam-se figuras tais como as antíteses e os paradoxos, as metáforas sinestésicas, as hipérboles e longas construções de frases com oxímoros, para representar os núcleos temáticos contrários, que representam a angústia do ser humano dividido entre polos opostos

---

a. Para melhor entender os conceitos aqui resumidos e, principalmente, as questões relativas à identidade nacional brasileira, ver Cavalcante (2002).

que o atraem, tais como: a vida e a morte; o corpo e a alma; o bem e o mal; a pureza e o pecado; o divino e o profano; o sofrimento e o prazer; a juventude e a velhice; a razão e a fé; a religiosidade e o erotismo etc.

- PESSIMISMO – As oposições de ideias paradoxais dão insegurança ao ser humano, que vive de conflitos entre a angústia de ser homem e a alegria de crer em outra vida. Entre a vida e a morte, os sentidos são efêmeros e a vida se escoa depressa. O pessimismo está vinculado à crise gerada pelo conflito entre o "eu" e "o mundo", que faz com que a obra de arte revele a duplicidade humana que exalta a vida celestial e mostra a miséria da condição humana na terra.

- EFEMERIDADE DO TEMPO – Consciente de que a vida passa depressa, o homem barroco busca aproveitar cada segundo vivido (*carpe diem*), pois sabe que a juventude, a beleza e o amor carnal escoam-se com a vida material e acabam com a morte, que é irrecusável. Se o tempo passa depressa e a tudo consome, é preciso aproveitar cada minuto que passa. Mas os poetas, muitas vezes, arrependiam-se do viver desregrado com que procuravam aproveitar a vida e, no final dela, não raro escreviam poemas para pedir perdão a Deus na hora da morte.

- ARTE RELIGIOSA – Na pintura, na escultura e na literatura, há exaltação de Deus, dos anjos e dos santos. De incrível beleza e grandiosidade são as igrejas ornadas de ouro no Brasil e em Portugal. Nas igrejas da Bahia, ainda hoje se pode ver o trabalho de pintores e escultores. Nas poesias, buscava-se representar o prazer do encontro com Deus e a beleza do Cristo humanizado, na expressão que mistura o céu e a terra, carregada de uma visão de mundo marcada pela HUMANIZAÇÃO DO SOBRENATURAL, com forte presença do EROTISMO.

- IMPRESSIONISMO DOLOROSO – Essa característica era a demonstração de sensações cruéis, sangrentas e dolorosas da luta do ser humano contra si mesmo, contra o tempo que passa, contra a morte e o pecado. Daí decorre a valorização do nada, da morte e da dor.
- FUSIONISMO – Trata-se da fusão de sons e entre claro e escuro, luz e treva. Surge daí também o uso abusivo de figuras de estilo.
- LINGUAGEM TRABALHADA, RICA EM FIGURAS – O texto barroco vem sempre trabalhado em muitas figuras, dando-se preferência a HIPÉRBATOS e INVERSÕES, ANTÍTESES, PARADOXOS, HIPÉRBOLES e METÁFORAS. Às vezes, é tanto o trabalho com a forma que chega a prejudicar o sentido de frases ou versos. A esse exagero de figuras, com o predomínio da forma sobre o conteúdo, deu-se o nome de *gongorismo* ou *culteranismo*.
- CONCEITISMO OU CONCEPTUALISMO – É a valorização dos conceitos (do pensamento) e dos silogismos, que aprofundam ideias e modos de raciocinar. Colocam-se as ideias (conceitos) acima da forma.

(3.2)
A poesia brasileira e a tradição de Camões

No Brasil, há forte presença de Camões a povoar nossa literatura desde os textos iniciais até a modernidade. O grande épico português exerceu influências tantas que formou uma tradição muito bem marcada na poesia, principalmente durante os períodos coloniais (quinhentismo, barroco e arcadismo). O fenômeno da emergência literária no Brasil ocorreu, assim, entre a originalidade e a imitação, em uma constante dialética que nos fez aproximar e nos afastar do modelo maior, para escrever poesia entre o paradigma e os valores herdados e a transformação desses valores europeus.[b]

A respeito das influências de Camões na literatura brasileira colonial e também sobre o início das diferenças, é possível afirmar:

> *É natural que ao povo de quem herdamos a língua portuguesa, devêssemos também o sistema literário, difundido nas escolas da época, nos livros e textos escritos, nas primeiras associações de arte. Os escritores eram, na sua grande maioria, nascidos em Portugal ou lá educados. Durante o período do Brasil-Colônia [sic], a língua era quase a mesma, de um e de outro país. O sistema linguístico veiculava ideias, valores, conceitos e a própria concepção de arte. Mas os códigos das culturas indígenas e de origem africana iriam contribuir para a transformação do sistema, a princípio na fala e posteriormente em toda a estrutura linguística. E esses índices das alterações já se evidenciavam no século seguinte ao do Descobrimento. A semiologia local iria alimentar as diferenças já nos primeiros textos coloniais.* (Cavalcante, 2001, p. 17)

O primeiro poema do barroco brasileiro foi escrito por Bento Teixeira Pinto em 1601 e denominou-se *A prosopopeia*. A tentativa de epopeia brasileira foi escrita em versos semelhantes na forma a *Os Lusíadas*, de Camões, seguindo o modelo pelas estrofes em oitavas heroicas e pelo modo como oferecia o poema a Jorge de Albuquerque Coelho, o donatário da Capitania de Pernambuco. No discurso

---

b. Sobre a tradição de Camões e o sistema de diferenças que fez surgir uma nova literatura brasileira no período colonial, ver Cavalcante (2001). Daí retiramos algumas referências para este capítulo.

elogioso (encomiástico) inicial, já se observa a exaltação à terra brasileira, no que se diferencia um pouco do poema de Camões. É o caso da famosa passagem "Descrição do recife de Pernambuco e Olinda celebrada", que consta em algumas antologias. Entretanto, não se pode considerar que haja o discurso de brasilidade nascente no poema de Bento Teixeira, pois o modo como descreveu as regiões brasileiras tem os mesmos sentidos dos de um autor estrangeiro que as visse, ou seja, contém o modo de ver a terra como "exotismo", ou melhor, o "estrangeirismo" com que descreviam o Brasil os primeiros viajantes.

(3.3)
A poesia de Gregório de Matos Guerra

No barroco brasileiro, nosso principal poeta foi Gregório de Matos Guerra. Em seus poemas, está a diferença que se representa como a identidade nacional brasileira. Seus poemas reescrevem a lírica de Camões, mas criam e recriam, na sátira e na paródia, a poesia diferente, que se afasta das portuguesa e espanhola da mesma época.

Filho de pais portugueses, Gregório de Matos estudou em Portugal e lá cursou Direito. Formado, retornou ao Brasil, onde fez frente aos portugueses poderosos que desejavam explorar nossas riquezas e levá-las para Portugal. Sua língua ferina valeu-lhe o apelido de *Boca do Inferno*, pois na sátira não poupava ninguém.[c]

---

c. A respeito da INTERTEXTUALIDADE na obra de Gregório de Matos, ver Cavalcante (2002).

No Brasil, escreveu belíssimos poemas religiosos e de amor, em que predominam as influências de Camões e dos espanhóis Luís de Góngora e Francisco de Quevedo. O poeta tem sido acusado de plágio, porém o que seus poemas contêm mesmo é a reescritura/releitura dos clássicos europeus, podendo ser o seu procedimento entendido como uma norma, uma atitude poética comum a muitos outros poetas de seu tempo.

Sua poesia pode ser dividida em LÍRICA RELIGIOSA, LÍRICA AMOROSA e SATÍRICA. A seguir, vejamos um exemplo de estrofes lírico-religiosas do poeta (Matos, 1992, p. 507):

> *Discreta e formosíssima Maria,*
> *Enquanto estamos vendo a qualquer hora,*
> *Em tuas faces a rosada Aurora,*
> *Em teus olhos e boca, o sol e o dia:*
>
> *Enquanto, com gentil descortesia*
> *O ar que fresco Adônis te namora,*
> *Te espalha a rica trança voadora,*
> *Quando vem passear-te pela fria:*
>
> *Goza, goza da flor da mocidade,*
> *Que o tempo trata a toda ligeireza,*
> *E imprime em toda flor sua pisada.*
>
> *Ó não aguardes que a madura idade,*
> *Te converta essa flor, essa beleza*
> *Em terra, em cinza, em pó, em sombra, em nada.*

Atente para o sentido da poesia lírico-religiosa que se encontra no conhecido soneto que Gregório de Matos dirigiu a Deus na hora da morte, pedindo perdão pela vida que levara, e de que extraímos apenas algumas estrofes por economia de espaço (Matos, 1992, p. 355):

Pequei, Senhor, mas não porque hei pecado,
De vossa clemência me despido,
Porque quanto mais tenho delinquido,
Vos tenho a perdoar mais empenhado.

Se basta a vos irar tanto pecado,
A abrandar-vos sobeja um só gemido
Que a mesma culpa que vos há ofendido
Vos tem para o perdão lisonjeado.

Eu sou, Senhor, a Ovelha desgarrada,
Cobrai-a e não queirais, Pastor Divino,
Perder na vossa ovelha, a vossa glória. [...]

Observe que o poeta, embora pecador, trata Deus como seu igual, que, segundo ele, não deve querer "perder" a "ovelha desgarrada", pois perderá, com ele, a própria glória divina. O homem, sem dúvida, tem a audácia de achar que Deus precisa dele para existir. Nesse sentido, Gregório de Matos pode ser considerado precursor de poetas e pensadores que deram origem à filosofia e à literatura muitos séculos depois dele, no modernismo.

Mas é na sátira que Gregório de Matos, o Boca do Inferno, distinguiu-se como poeta bem brasileiro e diferente dos seus contemporâneos europeus. Seus poemas criticam a tudo e a todos e, ao mesmo tempo, dão início a uma literatura marcadamente brasileira, mestiça, tropical. Na sátira, destacam-se os aspectos de uma nacionalidade nascente, com características marcadas pelas diferenças entre colonizador e colonizado. Depois de ler a estrofe que segue (Matos, 1992, p. 195), observe a sátira cruel à Igreja Católica e à Sé da Bahia:

A nossa Sé da Bahia,
Com ser um mapa de festas,

É um presépio de bestas,
Se não for estrebaria: [...]

Assim o poeta se volta contra padres e freiras, religiosos católicos e de outras religiões, principalmente os que usam da religião (falsa) para conseguir e distribuir favores e bens; a ninguém poupa a sua pena feroz.

Gregório de Matos faz a sua "guerra" com a palavra contra ricos e pobres, governantes, brancos e pretos, mulheres em geral. É famoso o soneto em que descreve a sua cidade natal, no qual se pode notar um certo ar de tristeza e desilusão (Matos, 1992, p. 33). São as diferentes "vozes" que cantam na voz do poeta e quem vêm das profundezas (daí Boca do Inferno) para protestar contra tudo o que há de errado nesta terra.

A cada canto um grande conselheiro
Que nos quer governar a cabana, e vinha,
Não sabem governar sua cozinha,
E podem governar o mundo inteiro.

Em cada porta um frequentador olheiro
Que a vida do vizinho, e da vizinha
Pesquisa, escuta, espreita, e esquadrinha,
Para levar à praça, e ao terreiro.

Muitos mulatos desavergonhados,
Trazidos pelos pés os homens nobres
Posta nas palmas toda picardia.

Estupendas usuras nos mercados,
Todos os que não furtam muito pobres,
E eis aqui a cidade da Bahia.

A ironia do poeta representa a voz popular que se levanta contra um governo mascarado, o desgoverno, a desordem existentes no Brasil Colônia. Os signos remetem não só à crítica política, mas aos desmandos e aos desvalores da sociedade em geral; dos maus negócios e dos aproveitadores sem escrúpulos; de negros, mulatos e brancos; de todos os que vivem a cuidar da vida dos outros e não cuidam da sua; das diferenças sociais em um país onde muitos roubam e os que não o fazem são muito pobres; enfim, de uma cidade (que representa aqui um país) de muitas diferenças, roubos e corrupção!

Considere ainda alguns versos de outro poema (Magalhães Junior, 1998, p. 5):

Que falta nesta cidade? _____ *Verdade.*
Que mais por sua desonra? _____ *Honra.*
Falta mais que se lhe ponha? _____ *Vergonha. [...]*

Note que o poeta ironiza: quem vive melhor são os falsos, sem vergonha e sem honra. No Brasil da sátira, levanta-se a voz do Inferno para cantar: "O Demo a viver se exponha/ Numa cidade onde falta/Verdade, Honra e Vergonha" (p. 5).

A linguagem dos poemas torna-se irreverente, obscena, ferina, de baixo calão. Da ironia sutil passa a escrever a ofensa direta, descreve o grotesco e o vulgar do povo de baixa renda e linguagem, que, segundo o poeta, também não se dá ao respeito. Veja, por exemplo, um dos poemas que assim expressam a fala do Boca do Inferno (Matos, 1992, p. 342):

Define sua Cidade
De dous ff se compõe
Esta cidade a me ver:
um furtar, outro foder.
[...]

Ricos e pobres são motivos da sátira, porque, como escreve Matos (1992, p. 1161):

Os Brasileiros são bestas e estarão sempre a trabalhar
Toda vida por manter
Maganos de Portugal.

Há ainda poemas de uma ironia séria, sutil, como este em que, muitos anos depois de um exílio sofrido na África, causado pelos versos de sua pena ferina, cantaria a pátria de modo quase triste, pela realidade política que aqui havia e com a qual não compactuava (Matos, 1992, p. 366):

Eu sou aquele, que passados anos
Cantei na minha lira maldizente
Torpezas do Brasil, vícios e enganos. [...]

Irreverente, o discurso politizado e carnavalesco de Gregório de Matos registra a voz do povo que se revolta contra o mau governo sob o jugo da monarquia de Portugal. Revoltado, o poeta discute os sentidos de seu país empobrecido e denuncia a má política econômica e a crise do sistema colonial. Revela a sociedade mestiça em formação, que se submete ao poder e que nada faz. A voz irônica se levanta e critica o governo; acusa o povo, os conchavos, as intrigas e os roubos. Mostra os contrastes de um país rico e com muitos pobres; expõe os ricos ao ridículo e acusa os governantes corruptos. É o Boca do Inferno, obsceno e dessacralizador, que traz um discurso poético que conta a história do Brasil pelo avesso e testemunha o seu tempo – o do nascer da brasilidade.

(3.4)
Prosa: Padre Antônio Vieira

Nascido em Portugal, Padre Antônio Vieira veio para o Brasil aos 6 anos, motivo por que muitos não consideram seus textos parte da literatura brasileira. Sua obra é posta a serviço de causas sociais brasileiras – defende os indígenas e posiciona-se contra a escravidão, contra os holandeses e contra a exploração humana.

Sua obra, *Os sermões*, é distribuída em 18 volumes, na sua maioria com estilo bem barroco, uma vez que escrita em antíteses e paradoxos, com que descreve as angústias da natureza humana e a grandiosidade divina. Os jogos de palavras refletem as ideias em silogismos profundos, às vezes até complicados. O estilo enérgico e a linguagem tecida em belas metáforas denunciam o CONCEPTISMO europeu, pois nos textos se representam profundos jogos de pensamentos. Aprecie, a seguir, um pequeno trecho do sermão *Semem est verbum Dei* (A semente é a palavra de Deus), que é verdadeira obra de arte barroca:

> *O trigo que semeou o pregador evangélico, diz Cristo que é a palavra de Deus. Os espinhos, as pedras, o caminho e a terra boa em que o trigo caiu são os diversos corações dos homens. Os espinhos são os corações embaraçados com cuidados, com riquezas, com delícias; e nestes afoga-se a palavra de Deus. As pedras são os corações duros e obstinados; e nestes seca--se a palavra de Deus, e se nasce, não cria raízes. Os caminhos são os corações inquietos e perturbados com a passagem das coisas do mundo, umas que vão, outras que vêm, outras que atravessam e todas passam. E nestes é pisada a palavra de Deus, porque a desatendem ou a desprezam. Finalmente,*

a terra boa são os corações bons ou os homens de bons corações; e nestes prende e frutifica a palavra divina, com fecundidade... (Gomes, 1994, p. 128)

> Sugestão para pesquisa: o sermão em que o Padre Antônio Vieira fala do AMOR é belíssima obra literária. A leitura vale a pena!

Atividades

Leia a estrofe a seguir para responder à primeira questão.

Anjo no nome, Angélica na cara!
Isso é ser flor, Anjo juntamente
Ser Angélica flor, Anjo florente,
Em quem senão em vós, se uniformara? [...]
(Candido; Castello, 1990, p. 73)

1. A estrofe de Gregório de Matos Guerra tem vários significados metafóricos, os quais se reúnem em antíteses, porque:
   a. o poeta está ironizando a feiura e maldade da mulher que representa.
   b. o poeta está reunindo dois sentidos opostos, para significar a pureza e a santidade da mulher que ele representa em antíteses.
   c. o poeta procurou simbolizar em uma palavra a pureza e a santidade e em outra a formosura e o frescor, reunindo as duas palavras em um só sentido.
   d. o poeta quis transmitir a ideia da beleza irresistível e erótica da mulher amada.

2. O barroco brasileiro tem como principal característica somente:
   a. o OCULTISMO, que consiste no uso exagerado de conceitos, os quais são descritos em silogismos complicados, demonstrando pensamentos que se ocultam pelo trabalho formal.
   b. o GONGORISMO, que consiste no gosto exagerado pelo emprego de figuras, em que há o predomínio da forma sobre o conteúdo.
   c. o FUSIONISMO, concebido como a fusão em exagero de formas, com versos de diferentes medidas, fundidos aos versos de forma livre, em antíteses e paradoxos, metáforas e catacreses, símbolos e mitos.
   d. o BUCOLISMO, definido como o gosto do homem da cidade pelo retorno à vida simples do campo.

3. As principais características da poesia barroca de Gregório de Matos Guerra podem ser encontradas em diferentes temas e esta é classificada pelos historiadores e críticos literários brasileiros em dois tipos de versos:
   a. lírica e satírica.
   b. satírica e épica.
   c. satírica e pictórica da natureza.
   d. descritiva e condoreira.

4. Padre Antônio Vieira pode ser visto como o principal escritor brasileiro do barroco a:
   a. escrever em linguagem simples e direta, para que também os índios e os colonos o entendessem.
   b. escrever poemas complicados, em que predominam os jogos de palavras e as figuras de estilo, pois considerava mais importante a forma do que o conteúdo dos sermões.

c. descrever a bela natureza brasileira em comparação com a de Portugal e os homens vindos de Portugal e de Espanha.

d. escrever em linguagem difícil e ornada de figuras, para representar os jogos de pensamentos e de ideias.

5. A sátira de Gregório de Matos Guerra possui como importante característica formal _____ e a temática da _____.

Assinale a alternativa que completa corretamente a frase:

a. rimas ricas – crítica social.
b. antíteses – crítica psicológica.
c. o conceptismo – crítica aos negros e aos índios.
d. rimas trabalhadas – crítica aos santos e aos anjos.

(4)

Neoclassicismo: lírica

Moema Cavalcante

Como surgiu e em que consiste o período literário denominado de *arcadismo* ou *neoclassicismo*?

O NEOCLASSICISMO aconteceu em reação aos exageros do barroco com a retomada dos valores clássicos, como o próprio nome indica. É o tempo do racionalismo e da investigação científica, do espírito enciclopédico; razão e ciência iluminam o homem e marcam o século XVIII, conhecido como o *Século das Luzes*. Ao contrário do homem barroco, que se deixava levar pelas emoções, os neoclássicos buscavam a simplicidade e o predomínio da razão. O nome *arcadismo*, como também é chamado o movimento, advém de ARCÁDIA, região da Grécia habitada por pastores e seus rebanhos, com vida muito simples. Os poetas adotaram esse estilo de vida como modelo ideal, para representar a busca da simplicidade artística. Em 1690, em Roma, os amigos da Rainha Cristina, ex-soberana da Suécia, fundaram a Arcádia, uma academia em que se reuniam intelectuais para discutir literatura e artes em geral.

Nas artes como na vida, o homem era influenciado pelo Iluminismo, o qual propunha a revisão geral de valores. Na área das ciências, o século XVIII é a época de descobertas na física, na química, na biologia e na matemática. Surgem grandes nomes, tais como Newton e Lavoisier. É o tempo de Voltaire, Rousseau, Montesquieu e dos famosos déspotas esclarecidos. É hora de crise e de revolução de ideias.

As principais características do neoclassicismo são aqui resumidas com base na obra de Proença Filho (2002):

- OPOSIÇÃO AO ESTILO BARROCO – Havia a recusa aos exageros nas artes em geral.
- IMITAÇÃO DOS CLÁSSICOS – Existia a valorização do equilíbrio e da simplicidade dos autores da Grécia e de Roma naquele período.
- SIMPLICIDADE DE LINGUAGEM – Como busca da simplicidade em geral, o escritor neoclássico deseja o estilo simples, mas com nobreza e correção de linguagem. Os autores são pessoas de conhecimentos, todos com estudos universitários, e essa busca de simplicidade faz o estilo parecer postiço.
- BUCOLISMO E PASTORALISMO – Os árcades valorizavam as paisagens bucólicas, ligadas à natureza simples, a campos verdes, povoados de ovelhas e pastores. Utilizavam-se de pseudônimos gregos e latinos e denominavam também

suas amadas de *pastoras*. A arte fica muito convencional, parecendo ser representação de um mundo que não existe, artificial.

- ACADEMICISMO – É a época das academias, associações fundadas para discutir e representar as artes em geral.

Na literatura, como no pensamento dos homens em geral, o século XVIII é de inúmeras correntes que se cruzam e se confundem. Existem, por exemplo, na literatura da época, os sentidos de um barroco exagerado que continua – o BARROQUISMO – e o ROCOCÓ, como a arte das cortes, cheia de sensualidade e beleza, de linguagem trabalhada e graciosa, ao lado do nascente arcadismo.

> *Você sabe o contexto histórico em que ocorre o neoclassicismo no Brasil?*

No Brasil, os poetas do GRUPO MINEIRO são as expressões mais importantes do neoclassicismo, quase todos envolvidos no episódio da Inconfidência Mineira. O exame das principais ideias do século XVIII leva à forte ideologia nacionalista irradiada pelo pensamento burguês iluminista, que ocasionara a crise das ideias antigas e desencadeara movimentos revolucionários em vários países do mundo. Os textos literários do arcadismo refletem essa época de crise política, social e cultural.

No caso da literatura brasileira, alguns dos árcades brasileiros têm características próprias, diversas das dos europeus, pois já são mais românticos do que aqueles, o que, na opinião de alguns historiadores, é definido como aspecto decorrente de temperamento brasileiro, bem tropical. Segundo Proença Filho (2002, p. 198), muitos poemas são produzidos aqui com "marcas" do rococó europeu e já com sentidos "pré-românticos".

No Brasil, o neoclassicismo iniciou-se em 1768, com a publicação de *Obras poéticas*, de Cláudio Manuel da Costa. Durante esse período, um público leitor regular começa a formar-se aqui e a adquirir obras literárias. Criaram-se algumas academias, a exemplo das de Portugal e Espanha, com o propósito de reunir escritores e divulgar as obras literárias. São elas: Academia Brasileira dos Esquecidos e Academia dos Renascidos, ambas na Bahia; Academia dos Felizes e Academia dos Seletos, com origem no Rio de Janeiro.

Os temas preferidos dos árcades brasileiros tiveram influências portuguesas; porém, continuou a forte tendência de contemplar a temática da terra brasileira e suas diferenças em relação à Europa. O índio brasileiro e a paisagem exuberante do Brasil, os fatos históricos e o contexto social passaram a ser cantados como identidade nacional. Os principais representantes na poesia lírica foram Tomás Antônio Gonzaga (Dirceu), Cláudio Manuel da Costa (Glauceste Satúrnio), Alvarenga Peixoto (Eureste Fenício) e Silva Alvarenga (Alcindo Palmireno). Na poesia épica, ficaram famosos Basílio da Gama e Frei José de Santa Rita Durão. Passemos então a estudá-los.

(4.1)
Poetas líricos brasileiros

Entre os poetas líricos brasileiros, destacamos Cláudio Manuel da Costa, Tomás Antônio Gonzaga e Silva Avarenga. Vejamos, a seguir, algumas importantes informações sobre a vida e a obra de cada um desses autores.

Cláudio Manuel da Costa
(Pseudônimo: Glauceste Satúrnio)

Nascido em Mariana, Minas Gerais, Cláudio Manuel da Costa foi um dos mais famosos poetas do Grupo Mineiro. Filho de rica família de mineradores, estudou com os jesuítas em Vila Rica (Ouro Preto) e cursou Direito em Coimbra. Retornando ao Brasil, ocupou ótimos cargos no governo e na vida em sociedade, em que foi reconhecido como advogado de prestígio. Acusado de "subversão" contra o governo, foi preso aos 60 anos e não resistiu aos interrogatórios: confessou a culpa de ser contrário ao governo e inculpou os companheiros, demonstrando fraqueza e pânico. Enforcou-se, perseguido pela culpa (Bosi, 2008, p. 61).

Cláudio Manuel da Costa escreveu *Obras poéticas* (lírica) e o poema épico *Vila Rica*. Sua obra não contém imitação de Camões, embora se evidencie a consciência da tradição clássica e haja a "presença" do maior clássico português em alguns poemas. Além disso, demonstra forte sentido de nativismo como identidade brasileira. Observa-se a poesia dividida entre a tradição e a ruptura, em que o estilo elegante da metrópole e a valorização dos clássicos gregos e latinos se mesclam à paixão pela terra brasileira. Tem poemas de singular lirismo, em que os modelos europeus se fazem presentes, às vezes, até na profundidade temática, enquanto descreve uma realidade tosca marcada pelos problemas nacionais brasileiros de sua época.

Veja, a seguir, um soneto de Cláudio Manuel da Costa que contempla características do arcadismo (Cavalcante, 2001, p. 196):

Leia a posteridade, ó pátrio rio
Em meus versos teu nome celebrado;

Porque vejas uma hora despertado
O sono vil do esquecimento frio:

Não vês nas tuas margens o sombrio,
Fresco assento de um álamo copado;
Não vês Ninfa cantar, pastar o gado
Na tarde clara do calmoso estio.

Turvo banhando as pálidas areias
Nas porções do riquíssimo tesouro
O vasto campo da ambição recreias.

Que de seus raios o planeta louro,
Enriquecendo o influxo em suas veias,
Quanto em chamas fecunda, brota em ouro.

Observe que o elogio ao "pátrio rio" faz-se pela riqueza da mineração das Minas Gerais, mas nesse lugar ameno não se pode ver a "Ninfa cantar", pois o país é "tosco" e "rude". Mas sobrepõe-se aqui a valorização da natureza brasileira à visão estrangeira do Brasil. O motivo universal transforma-se e é reescrito como a própria e bela natureza brasileira exaltada como terra "fecunda" em que "brota ouro".

Tomás Antônio Gonzaga
(Pseudônimo: Dirceu)

É talvez o mais famoso dos poetas inconfidentes. Sua vida tem aspectos românticos que merecem ser revisados. Brasileiro por adoção, Gonzaga nasceu na cidade de Porto em 1774. Veio para o Brasil ainda menino, estudou com os jesuítas na Bahia e foi para Portugal, onde cursou Direito. Até os 40 anos, pouco se sabe de sua produção literária. Voltou para o Brasil como ouvidor-geral em Vila Rica. Homem maduro, apaixonou-se por Maria Dorotéia

Joaquina Seixas Brandão, a quem eternizou como pastora – *Marília* – em suas *Liras*. Envolveu-se na Inconfidência Mineira, foi preso e enviado para o Rio de Janeiro, condenado ao degredo na África. Em Moçambique, conta-se que refez sua vida, casou-se e teve muitos filhos. Lá morreu em 1808. Diz-se que a amada, Maria Dorotéia, permaneceu solteira, fiel à recordação, até morrer, em Vila Rica (Bosi, 2008, p. 71).

A obra de Tomás Antônio Gonzaga exalta o amor à Marília em versos de acordo com as normas neoclássicas, ora com sentidos epicuristas, ora estoicos. Escreveu também o poema satírico *Cartas chilenas* contra o governo colonial no Brasil. Chorou o desterro e a saudade da amada em poemas pessoais de sentidos líricos que oscilam entre a individualidade e as influências árcades europeias.

Veja um famoso excerto de *Marília de Dirceu*, Parte I, Lira I (Candido; Castello, 1990, p. 161):

Eu, Marília, não sou algum vaqueiro
Que viva de guardar alheio gado,
De tosco trato, de expressões grosseiro,
Dos frios gelos e dos sóis queimado.
Tenho próprio casal e nele assisto;
Dá-me vinho, legume, fruta, azeite;
Das brancas ovelhinhas tiro o leite
E mais as finas lãs de que me visto.
    Graças, Marília Bela,
    Graças à minha estrela!

Eu vi o meu semblante numa fonte
Dos anos inda não está cortado;
Os pastores que habitam este monte,
Respeitam o poder do meu cajado.
Com tal destreza toco a sanfoninha

Que inveja até me tem o próprio Alceste:
Ao som dela conserto a voz celeste,
Nem canto letra que não seja minha.
    Graças, Marília Bela,
    Graças à minha estrela!
    [...]

Agora observe o quanto Tomás Antônio Gonzaga escreve sob influência do neoclassicismo (Candido; Castello, 1990, p. 163):

Um dia que o gado
No prado guardava
Amor me aparece
De arco e aljava.

No tronco mais verde
Que no prado houvesse,
Amor me mandou
Seu nome escrevesse.

Contente parti
Um troco buscar,
Para nele as ordens
De pronto executar.

No tronco dum freixo
Que viçoso vi
Quis gravar Amor
Marília escrevi.

Tanto que Amor vê
O engano feliz
O nome beijando,
Alegre me diz:

*"Não temas, Dirceu,
Não mudes de cor;
Nesse doce nome
Escreveste Amor".*
[...]

Silva Alvarenga
(Pseudônimo: Alcindo Palmireno)

Silva Alvarenga não teve a mesma fama que seus companheiros inconfidentes. Mulato e bem criado, estudou nos melhores colégios e cursou Direito em Coimbra. Também se envolveu nas tramas da Inconfidência Mineira.

Escreveu poemas encomiásticos, de elogios às autoridades, como era moda no neoclassicismo. Fez algumas sátiras, porém o melhor de suas poesias foi a lírica amorosa. Foi pré-romântico apaixonado, que escreveu poemas em variada medida, imortalizando a amada, a sua "pastora" Glaura. Seus versos são muito árcades em suas características (Candido; Castello, 1990, p. 196):

*Glaura, as ninfas te chamaram
E buscaram doce abrigo
Vem comigo e nesta gruta,
Branda, escuta o meu amor*
[...]

Silva Alvarenga produziu um sensível lirismo amoroso, escrevendo poemas de rara simplicidade no neoclassicismo.

Atividades

1. O neoclassicismo no Brasil tem como contexto histórico e ideologia política fatos relativos ao acontecimento denominado de:
   a. Independência política de Portugal.
   b. Inconfidência Mineira.
   c. Vinda da Família Real.
   d. Arcádia Lusitana.

2. *Marília de Dirceu*, famosa obra do arcadismo brasileiro, foi inspirada em Maria Joaquina Dorotéia de Seixas Brandão, possui como temática básica o amor lírico e o bucolismo poético e foi escrita por:
   a. Cláudio Manuel da Costa.
   b. José Basílio da Gama.
   c. Inácio Alvarenga Peixoto.
   d. Tomás Antônio Gonzaga.

Leia a estrofe de Cecília Meireles ([19--], p. 77), para depois responder à questão.

> *Doces invenções da Arcádia!*
> *Delicada primavera:*
> *Pastoras, sonetos, liras,*
> *– entre as ameaças austeras*
> *De mais impostos e taxas*
> *Que uns protelam e outros negam.*

3. A poetisa brasileira lembra aqui as principais ideias do neoclassicismo brasileiro, que são:
   a. a Arcádia como local de estudos universitários, a época de rebuscados poemas, o contexto político e econômico.

b. a imitação dos clássicos, o bucolismo e a Inconfidência Mineira.

c. os primeiros escritores brasileiros a escrever sonetos, o contexto etéreo e o amor austero e os impostos cobrados para protelar as dívidas do Brasil Colônia.

d. as liras e as pastoras que criaram a forma livre do soneto, a vida no Brasil colonial e as ameaças contra quem escrevia poemas naquela época.

4. No arcadismo brasileiro, a emergência da literatura em relação à produção literária portuguesa que lhe deu origem faz-se notar pela mescla de _____ e pelos _____.

   Assinale a alternativa que completa corretamente a frase:
   a. Aspectos formais diferentes – temas importados.
   b. Conteúdos diferentes – formas próprias.
   c. Estilos – temas de influências estrangeiras.
   d. Estilos – temas característicos do Brasil.

5. Com relação ao neoclassicismo ou arcadismo brasileiro, podemos dizer que foi uma das mais importantes características desse estilo brasileiro:

   a. a confirmação poética, no plano estético, dos preceitos renascentistas de harmonia e equilíbrio, vigentes na Europa do século XVI, que chegaram ao Brasil no século XVII, adaptados, então à realidade nacional.

   b. a elaboração de muitos recursos formais, com paradoxos e antíteses, inversões e hipérboles, para representar a alma repleta de sentimentos e dividida entre a razão e a fé.

   c. a representação do dilema humano de estar dividido entre a razão e a fé, o viver o momento presente e o preocupar-se com a salvação da alma, a efemeridade da vida e a irreversibilidade do tempo que passa.

d. a elaboração poética em linguagem conceptista, que refletia preocupações do homem ao comprovar os pensamentos mais complicados em forma simples e trabalhada com profundos silogismos.

(**5**)

A poesia épica no
arcadismo brasileiro

Moema Cavalcante

O neoclassicismo brasileiro reforça a tradição épica de Camões pelas influências de *Os Lusíadas*. Em oposição aos exageros do barroco, consiste em uma característica do período literário a busca das normas clássicas. Lembremo-nos de que, na época, os conceitos de imitação e cópia eram diferentes dos de hoje, pois a produção literária valorizava a simplicidade e a harmonia, e as obras-primas dos grandes escritores clássicos eram tomadas como modelos. Daí os brasileiros terem dado preferência ao modelo camoniano.

A exaltação poética do nacionalismo e os fatos históricos heroicos de um país compõem o "motivo" literário das grandes epopeias. Na época do neoclassicismo, o Brasil já tinha um passado histórico para exaltar. A diversa visão de mundo brasileira e a valorização da terra natal dariam os sentidos do diferente entre a nossa literatura e a do modelo português. Os poetas brasileiros iriam escrever poemas de exaltação à pátria à semelhança do poeta maior, Camões. Veja, a seguir, o que afirma Cavalcante (2001, p. 121) a respeito das influências de Camões na épica brasileira:

> *É tempo de crise ideológica e de nacionalismo exacerbado. Em sendo a epopeia uma narração de estrutura fixa, em versos, na qual o autor exalta os feitos heroicos de um povo através de personagens da História de uma nação, que mitifica, possibilita representar o nacionalismo de cada país segundo parâmetros da tradição. Em Camões épico, os poetas brasileiros vão espelhar-se para criar a obra-prima de sua cultura. O país, com três séculos de cultura, já possuía uma história e seus heróis; o sentimento de nativismo vigorara nas lutas contra as invasões estrangeiras. O motivo épico estava pronto. Era só buscar as formas na mais importante epopeia da língua portuguesa. Recriá-la com o "ENGENHO E ARTE" de cada um.* [grifo do original]

No Brasil árcade, foram três os principais poetas a escreverem sob nítida influência de *Os Lusíadas*, de Camões: Cláudio Manuel da Costa, Frei José de Santa Rita Durão e Basílio da Gama.

Cláudio Manuel da Costa escreveu o poema épico *Vila Rica* com "o perfil do árcade por excelência", no dizer de Bosi (2008, p. 68), mas, segundo esse estudioso, não conseguiu repetir a façanha de Camões, tendo obtido menor êxito em sua poesia narrativa.

Vila Rica, de Cláudio Manuel da Costa, é um poema escrito em versos decassílabos, com rima emparelhada, obedecendo à divisão tradicional da epopeia, com dez cantos. Predomina a influência de Camões no poema, que conta a origem mítica da cidade natal do autor, Vila Rica, ao narrar a história de um bandeirante, Garcia, que se apaixona por uma índia brasileira. O amor dá sentido aos sentimentos dramatizados e à refiguração do índio americano, que, exaltado, preconiza o indianismo brasileiro. É poema menor, de pouca inspiração poética.

(5.1)
Frei José de Santa Rita Durão e o *Caramuru*

Frei José de Santa Rita Durão escreveu *Caramuru* sob notórias influências de Camões, principalmente na forma, muito semelhante à de *Os Lusíadas*. O poema contém versos decassílabos, a estrofação em oitava rima e as partes épicas idênticas às do modelo. Sob influência da ideologia religiosa dos jesuítas, Frei Durão expressa uma visão teológica do passado brasileiro, tendo como tema a vida do bandeirante Diogo Álvares Correia – o Caramuru.

O poema conta como esse navegador naufragou nas costas da Bahia e foi recolhido pelos índios, a quem tentou catequizar. Conta a lenda que o apelido *Caramuru* foi dado a Diogo Álvares Correia porque usou sua arma de fogo quando os índios o viram e o cercaram. O herói cristão casa com a índia Paraguaçu, que, batizada, vai com ele para a Europa. Quando partem de navio, outra índia apaixonada pelo herói, Moema, segue-os e tenta alcançar o navio, acompanhada de suas amigas. Até que Moema, exaurida, morre nadando nas águas do mar, dizendo palavras de amor ao branco que a preteriu por outra.

O episódio "A morte de Moema" é famoso pela beleza e pela criatividade poética do autor (Durão, 1991, p. 154-155):

> *Copiosa multidão da nau francesa*
> *Corre a ver o espetáculo assombrada;*
> *E ignorando a ocasião da estranha empresa*
> *Pasma da turba feminil, que nada:*
> *Uma, que as mais precede em gentileza,*
> *Não vinha menos bela do que irada:*
> *Era Moema que de inveja geme*
> *E já vizinha à nau se apega ao leme.*
>
> *– Bárbaro (a bela diz), tigre e não homem...*
> *Porém o tigre por cruel que brame,*
> *Acha forças no amor, que enfim o domem;*
> *Só a ti não domou, por mais que eu te ame:*
> *Farias, coriscos, que o ar consomem,*
> *Como não consumis esse infame?*
> *Mas pagar tanto amor com tédio e asco...*
> *Ah! Que corisco és tu... raio... penhasco...*
>
> *Bem puderas, cruel, ter sido esquivo,*
> *Quando eu a fé rendia ao teu engano;*
> *Nem me ofenderas a escutar-me altivo*
> *Que é favor, dado a tempo, um desengano;*
> *Porém deixando o coração cativo*
> *Com fazer-te a meus rogos sempre humano,*
> *Fugiste-me, traidor, e desta sorte*
> *Paga meu fino amor tão crua morte?*
> *[...]*

Observe que a bela mulher morre por ter sido recusada por Caramuru. Diogo Álvares representa o herói cristão que não admite a poligamia indígena. Moema é a heroína brasileira, símbolo da raça brasileira. Morre de amor. Funda o discurso brasileiro do "outro" em relação ao europeu colonizador. Ao exaltar a beleza da mulher brasileira, tanto em Moema quanto em Paraguaçu, Santa Rita Durão estava criando uma nova tradição brasileira na literatura, que seria seguida pelos escritores românticos no indianismo, e afastando-se da imitação de Camões.

(5.2)
O Uraguay e as diferenças de Camões

Basílio da Gama escreveu o poema épico *O Uraguay*, cuja ação se passa nas Missões Jesuíticas dos Sete Povos e narra a guerra guaranítica, que tem como personagens os heróis indígenas. O longo poema foi escrito em dez cantos, com versos decassílabos brancos, de livre estrofação. As influências de Camões são muito poucas e reduzem-se a algumas rimas e sentidos de palavras.

Quanto à forma, a estrutura épica de *O Uraguay* pode assemelhar-se à de *Os Lusíadas*, pois contém proposição, invocação, oferecimento, narração e epílogo. Porém, o conjunto de diferenças é bem maior (Cavalcante, 2001, p. 158). A obra de Basílio da Gama contém cinco cantos apenas e a narração inicia logo nos primeiros versos, nos quais estão também a proposição, a invocação e o oferecimento.

Há diferenças marcadas nos sentidos do poema épico brasileiro e do clássico português. Já nos primeiros versos do Canto I, o poeta luso propõe-se a cantar os heróis de sua pátria: "As armas e os Barões assinalados [...] Em perigos e guerras esforçados" (Camões, 1960). Ou seja, são exaltadas a coragem e a valentia, estabelecendo-se logo nos primeiros versos o sentido épico, com a representação mítica do povo português.

Bem diversa é a visão dos fatos narrados por Basílio da Gama em *O Uraguay*. A narração já se inicia dramática (Canto I, versos 1 a 4), em campos manchados de sangue, sendo o povo "rude", "bárbaro" em comparação com o herói que protagoniza os fatos que se propõe a cantar (Gama, 1964):

Fumam ainda nas desertas praias
Lagos de sangue tépidos e impuros
Em que ondeiam cadáveres despidos
[...]

Ao dar início à epopeia, o autor caracteriza Gomes Freire de Andrade, o chefe das tropas portuguesas, como herói. Na disputa pelo território, surge outro herói: o indígena brasileiro. A ideologia política e o discurso heroico oscilam, ao longo da narrativa, entre um e outro discurso, num dialogismo ambíguo que se situa entre os valores e as ações heroicas do discurso do poder e a exaltação dos valores do Novo Mundo. Nessa guerra desigual e sangrenta, o texto alterna discursos que ora depreciam a ação dos jesuítas e do português explorador, ora exaltam, ao mesmo tempo, o estrangeiro e o homem da terra.

O General Gomes Freire de Andrade é descrito no Canto I como o salvador que vem lutar sob a bandeira portuguesa, para libertar esta "gente rude e bárbara" do jugo dos jesuítas. Comanda os exércitos em nome da paz. Aqui o lastro histórico fundamenta a narrativa e dá verossimilhança ao poema. Freire de Andrade é apresentado como personagem histórica mais do que como herói mítico de epopeia. Negocia com os índios paz e justiça, em nome dos reis de Portugal e de Espanha.

No Canto II, lado a lado com o grande general, surgem os dois chefes indígenas Sepé e Cacambo. No modo como os descreve, o narrador demonstra a sua estranheza, o comportamento altivo diante dos brancos, para descrevê-los, depois, com simpatia (Gama, 1964, p. 38-39):

Entrara
Sem mostras nem sinal de cortesia
Sepé no pavilhão. Porém Cacambo
Fez, a seu modo, cortesia estranha
[...]

Os índios argumentam contra a guerra. Logo após, ganham a altura de verdadeiros heróis na luta pela defesa da terra natal. Suas palavras são do colonizado oprimido, a visão do brasileiro contra o europeu que vem para explorar a terra. Cacambo diz (Gama, 1964, p. 45):

Gentes da Europa, nunca vos trouxera
O mar e o vento a nós. Ah! Não debalde
Estendeu entre nós a natureza
Todo este plano imenso de água.
[...]

Mas não há outra saída; "enfim quereis guerra, tereis guerra", declara Sepé. Morreria na luta. A linguagem épica incorpora o mito missioneiro – Sepé Tiaraju – com as mesmas qualidades que constam na lenda.

A história conta que o chefe índio morreu lutando pelo seu povo e por sua terra. A lenda diz que o mito (cristianizado) subiu aos céus, onde até hoje brilha a estrela que teria na testa. Basílio narra a luta desigual, a morte, os sonhos, a estrela no céu do Rio Grande do Sul. Nasce o herói brasileiro na literatura. O fato histórico terrível – a luta desigual entre os dois exércitos bem equipados e os índios sem armas, que culminou com o massacre das Missões – motiva o tema da obra e proporciona o sentido épico ao poema de Basílio da Gama.

Uma das mais belas passagens de *O Uraguay* é "A morte de Lindoia", a bela indígena amada do herói Cacambo. Leia alguns versos retirados do Canto IV (Gama, 1964, p. 67-71):

Este lugar delicioso e triste,
Cansada de viver, tinha escolhido
Para morrer a mísera Lindoia.
Lá reclinada, como que dormia,
Na branda relva, e nas mimosas flores
Tinha a face na mão e a mão no tronco;
De um fúnebre cipreste, que espalhava
Melancólica sombra. Mais de perto
Descobrem que se enrola no seu corpo
Verde serpente, e lhe passeia e cinge
Pescoço e braços, e lhe lambe o seio.
[...]
O desgraçado irmão, que ao despertá-la
Conhece, e com que dor! No frio rosto
Os sinais do veneno, e vê ferido
Pelo dente sutil o brando peito.
Os olhos em que o Amor reinara um dia,
Cheios de morte; e muda aquela língua.
[...]

O Uraguay começa e termina com o sentido americano, que narra as ações de um povo "rude". Conta o espaço e canta os feitos de suas gentes. No "Epílogo" (Gama, 1964, p. 98), o poeta reforça a contextualização, com significados de um povo que se vê diferente do europeu. É a visão do Brasil em relação à Europa. São os novos sentidos da identidade nacional brasileira que emerge em face da identidade de Portugal e Espanha na literatura árcade:

> *Serás lido, Uraguay. [...]*
> *Vai aos bosques da Arcádia – e não receies*
> *Chegar desconhecido àquela areia.*
> *[...]*
> *Leva de estranho céu*
> *Co'a peregrina mão bárbaras flores.*
> *E busca o sucessor, que te encaminhe*
> *Ao teu lugar, que há muito que te espere.*

O discurso, antes construído com olhar estrangeiro, para exaltar os portugueses, agora traz a visão do Brasil em relação à Europa. Emerge, assim, o texto fundador da literatura brasileira, falando de uma cultura "bárbara", mas que possui muitas "flores", de "estranho céu" na "peregrina mão", buscando a fama da distante Arcádia. Mesmo sem possuir o estro poético de Camões para criar *Os Lusíadas*, Basílio da Gama narrou a realidade diversa da dos portugueses. Interessa notar que, se o objetivo inicial de Basílio da Gama era o de buscar a fama na Europa (Arcádia), seu texto chega à modernidade pelas diferenças, pela brasilidade, por exaltar a nacionalidade brasileira.

Atividades

1. "Tanto era bela no seu rosto a morte". Esse verso, famoso na literatura brasileira, assim como sua heroína, a bela Lindoia, pertence a uma obra épica do século XVIII, cujo contexto são as Missões Jesuíticas do sul do Brasil. Nessa obra, o indígena é o herói épico, concebido como homem livre, digno, integrado à natureza. Trata-se do poema:
   a. *Prosopopeia*.
   b. *O Uraguay*.
   c. *Caramuru*.
   d. *Vila Rica*.

2. Há, no arcadismo brasileiro, mais de um poema épico que representa os fatos históricos ocorridos no país e as façanhas de heróis. Entre eles, destaca-se o que representa a beleza da mulher indígena, narrando como uma índia se atira nas águas do mar revolto para morrer pelo amor do homem branco que a abandonara. Trata-se da heroína chamada _____, no poema _____, escrito por _____.
   Assinale a alternativa que completa corretamente o texto:
   a. Moema – *Caramuru* – Frei José de Santa Rita Durão.
   b. Iracema – *Caramuru* – Frei José de Santa Rita Durão.
   c. Paraguaçu – *O Uraguay* – Basílio da Gama.
   d. Lindoia – *O Uraguay* – Basílio da Gama.

3. Quanto ao poema épico _____, escrito sobre os índios e o episódio da Missões por _____, podemos dizer que a influência de Camões se restringe apenas ao aspecto _____.
   Assinale a alternativa que completa corretamente o texto:
   a. *Prosopopeia* – Bento Teixeira Pinto – formal.
   b. *Caramuru* – Basílio da Gama – temático.
   c. *O Uraguay* – Frei José de Santa Rita Durão – formal.
   d. *Vila Rica* – Cláudio Manuel da Costa – formal e temático.

4. Os poemas épicos _____ e _____ deram início, na literatura brasileira, à temática indígena que, exaltando o homem brasileiro, viria a distanciar a poesia brasileira da portuguesa, compondo um conjunto de diferenças que faz emergir nossa literatura em relação à que nos deu origem.
   Assinale a alternativa que completa corretamente o texto:
   a. *O Uraguay* – *Caramuru*.
   b. *Prosopopeia* – *Os Lusíadas*.
   c. *Caramuru* – *Os Lusíadas*.
   d. *Vila Rica* – *Os Sermões*.

5. Entre os aspectos temáticos mais relevantes para que se estabelecesse o conjunto de diferenças como identidade nacional brasileira já no alvorecer de sua literatura, podemos destacar _____, observado principalmente no poema épico _____.
   Assinale a alternativa que completa corretamente o texto:
   a. o profundo misticismo – *Prosopopeia*.
   b. o indianismo – *O Uraguay*.
   c. o herói português – *Caramuru*.
   d. o culto à natureza – *Vila Rica*.

(6)

Romantismo: contexto sociopolítico e cultural

Ítalo Nunes Ogliari possui graduação em Letras pela Universidade Luterana do Brasil – Ulbra, "campus" Gravataí (2004), foi aluno da Oficina de Criação Literária do Programa de Pós-Graduação em Letras da Pontifícia Universidade Católica do Rio Grande do Sul – PUCRS (2002), instituição em que se gradou mestre (2007) e doutor em Teoria da Literatura. Suas pesquisas abrangem as áreas de teoria literária, literatura brasileira, literatura contemporânea e criação literária. É autor dos livros de contos "A mulher que comia dedos" e "Ana Maria não tinha um braço" e do romance "Um sete um", entre outros trabalhos.

Ítalo Ogliari

A̲ntes de quaisquer definições, antes de falarmos em romantismo como corrente literária, é necessário termos em mente que, a partir da segunda metade do século XVIII, a sociedade ocidental inicia um processo de transformação socioeconômica e cultural. Isso se dá, principalmente em países como França, Itália, Inglaterra e Alemanha, em decorrência de um novo modelo de vida e de concepção familiar conhecida como *burguesia moderna*. Sim, é isso mesmo: o pensamento romântico começa justamente com o início da sociedade burguesa.

(6.1)
A origem do romantismo e suas principais características

A sociedade burguesa, esse novo molde de vida, de economia e de cultura, não é nada mais do que a formação do modelo capitalista em que até hoje vivemos. A burguesia moderna nasce com o capitalismo. É também quando surgem novos inventos, novas tecnologias, concomitantemente ao aumento da produção e da mão de obra, que começa a especializar-se: tudo aquilo que se espalhará pela Europa e que mais tarde será conhecido como *Revolução Industrial*.

> *A palavra "burguesia" deriva de "burgo". Os burgos eram pequenos bairros ou cidadezinhas pobres que, na Baixa Idade Média, se aglomeravam nas muralhas em torno dos feudos. Seus moradores, os burgueses, viviam principalmente do comércio e da barganha (Encyclopaedia Britannica do Brasil, 2004, p. 245). É por essa característica que a sociedade capitalista que estamos estudando, essa sociedade sustentada pela mercadoria e iniciada no século XVIII, foi intitulada de "burguesia moderna". Atualmente, "burguês" ou "burguesa" refere-se àquela pessoa que possui um capital significativo. Mas, como podemos perceber, nem sempre o sentido foi esse.*

A industrialização, que também inclui a evolução da imprensa, possibilita que a informação, os jornais e os livros se expandam com maior velocidade, tornando-se mercadorias, como tudo em uma sociedade capitalista. Unem-se, então, dois acontecimentos: a necessidade de venda dessas mercadorias e o dinheiro que circula cada vez mais e mais dentro da sociedade burguesa.

> E o que isso tudo traz de mudança para o âmbito literário?

Faz com que a leitura, a literatura, que era um privilégio da aristocracia, passe a cair no gosto das outras classes, que agora podem adquiri-la. Com novos leitores, aumenta a importância dos FOLHETINS, bem como as publicações e a preocupação dos escritores em agradar seu público, já que muitos deles sobreviviam do comércio editorial. Os folhetins eram capítulos de novelas e romances que vinham inseridos nos jornais, cada novo capítulo sendo publicado na edição seguinte dos periódicos. Essa sistemática, por sua vez, fazia crescer também a aquisição dos jornais, pois o público desejava ler a continuidade da história que estava sendo publicada.

Se a literatura começava a ganhar um público diferenciado e muitos escritores tiravam daí parte de seu sustento, obviamente que algumas alterações começaram a surgir, tanto na estrutura quanto na temática da produção literária da época. Muitos deles se adequavam, mudavam estilos e se renovavam para atingir o maior número possível de leitores: é o surgimento da estética romântica, dos ideais românticos, que buscava representar os sentimentos e as perspectivas daquela sociedade.

> Mas que ideias são essas?
> Como era o pensamento dessa nova sociedade burguesa?

Uma sociedade capitalista, envolvida na rotina do trabalho, na sobrevivência e que começa, da mesma forma, a exigir seus direitos – igualdade de classes, disputa pelos mesmos espaços –, começa também a tornar-se individualista. O INDIVIDUALISMO é uma das principais características do período romântico.

De acordo com Cademartori (2000, p. 37):

> *O individualismo, característica mais marcante do Romantismo, é visto por Arnold Hauser como um protesto contra uma ordem social em que o homem se aliena, cumprindo funções onde [sic] ele é anônimo. A partir do Renascimento, o homem ocidental tornou-se consciente de sua individualidade; porém, uma consciência como exigência e como protesto contra a despersonalização no processo cultural não existe antes do Romantismo. O conflito entre o eu e o mundo, o cidadão e o Estado, é anterior ao Romantismo. Contudo, nunca antes desse momento o antagonismo existiu como consequência do caráter individual do homem em conflito com o coletivo.*

Com o individualismo, que ganha ênfase no período romântico, emergindo com todo o seu potencial filosófico e social, outra característica aflora: a SUBJETIVIDADE. Trata-se de um caminho natural. Primeiro vem a individualidade – em que o ser humano se volta mais egoisticamente para si próprio, o "eu" tornando-se de extrema importância – e, com essa postura, em segundo lugar, a subjetividade – ou seja, nesse volver-se para si, o homem passa a interagir intensamente com sua interioridade.

> *O romantismo abre espaço para o pensamento individual, que, por consequência, abre espaço para a valorização da subjetividade. E essa subjetividade abre espaço para mais alguma coisa?*

A subjetividade, oriunda da individualidade, vai abrir espaço para a terceira característica fundamental da ideologia romântica: o SENTIMENTALISMO, a valorização das emoções, dos sonhos, dos desejos inalcançáveis, dos amores distantes e de tudo aquilo que faz com que até hoje o rótulo *romântico* ligue-se aos conflitos amorosos. E isso tudo foi levado para dentro da arte.

> A literatura romântica ligada à subjetividade, aos sentimentos, aos desejos e aos sonhos foi tão marcante e tão forte na época que serviu como um dos principais estímulos para os estudos psicanalíticos de Sigmund Freud. O pensamento romântico sempre foi motivador das ideias freudianas.

Como escreve Cademartori (2000, p. 39):

O Romantismo representou um dos estilos mais importantes na história da mentalidade ocidental. O direito do autor de seguir seus sentimentos, nunca antes, na história da arte, havia sido incondicionalmente acentuado, e jamais tinha sido tão enfaticamente desprezado o autodomínio, a razão e a sobriedade. Por esse seu caráter contestador e revolucionário, o Romantismo desempenha um papel determinante na história da arte. A sensibilidade, a audácia, a anarquia e a sutileza da arte até hoje procedem da rebeldia romântica.

Assim, o romantismo passa a destacar aquilo que é talvez mais precioso para o ser humano: suas emoções, suas percepções e reações diante do outro e do mundo. Os romancistas põem em evidência o perfil psicológico de suas personagens, e os poetas fazem versos acentuando sua subjetividade, por meio da expressão de seu eu lírico, poetizando seu modo de se sentir, seus sentimentos em relação aos contextos que os cercam e atingem.

(6.2)
Alguns autores românticos e suas principais obras

Para que você tenha uma ideia dos caminhos trilhados pela literatura desse período de que estamos tratando, vamos apresentar na sequência três dos principais autores do romantismo europeu e depois discutir um pouco sobre cada um deles.

O romantismo alemão e a escrita sentimentalista de Goethe

Na literatura alemã, uma das mais ricas do período romântico, destaca-se o nome de Johann Wolfgang von Goethe. O escritor nasceu no dia 28 de agosto de 1749, em Frankfurt, e faleceu em Weimar, em 22 de março de 1832. Goethe deixou, entre seus escritos, uma obra-prima do romantismo europeu conhecida em todo o mundo e publicada até hoje: *Os sofrimentos do jovem Werther*, texto escrito em 1774.

A obra conta a história da paixão de Werther por Charlotte, moça comprometida com Alberto. De caráter epistolar (escrito em cartas), o romance leva o leitor às profundezas dos sentimentos do rapaz, que, por culpa de amar alguém que já pertencia a outro e pela impossibilidade de concretizar esse amor, suicida-se: uma das formas correntes de escapismo utilizadas pelos autores românticos.

> Veja como a literatura pode influenciar condutas: quando publicada na Europa, a obra de Goethe causou um impacto gigantesco entre os jovens. Muitos, além de se vestirem

> como a personagem e cultivarem seus hábitos, também se suicidaram. A repercussão foi tão grande e tão problemática que alguns países lutaram na tentativa de impedir a circulação do livro.

Citamos, a seguir, as palavras do próprio Goethe (1988, p. 9), ao introduzir seu romance:

> *Juntei cuidadosamente tudo quanto me foi possível recolher a respeito do pobre Werther, e aqui vos ofereço, certo de que mo agradecereis. Sei, também, que não podereis recusar vossa admiração e amizade ao seu espírito e caráter, vossas lágrimas ao seu destino.*
>
> *E a ti, homem bom, que sentes as mesmas angústias do desventurado Werther, possas tu encontrar alguma consolação em seus sofrimentos! Que este pequeno livro te seja um amigo, se a sorte ou a tua própria culpa não permitem que encontres outro mais à mão!*

Victor Hugo e "Os miseráveis": a obra-prima francesa e os problemas da sociedade

O romantismo francês não ficou para trás. Autores como Vicomte de Chateaubriand e Victor Hugo se destacaram, sendo este último a personalidade literária de que nos interessa falar aqui. Nascido em Besançon, em 26 de fevereiro de 1802, Victor Hugo desenvolveu, depois de uma carreira longa e sólida, uma literatura de caráter social. Denunciava justamente o que a sociedade moderna começou a produzir a partir da industrialização e da exploração da mão de obra: as diferenças sociais e a miséria. Não é à toa que sua obra de maior destaque chama-se *Os miseráveis*.

Escrita já no século XIX, a longa narrativa de Victor Hugo gira em torno de Jean Valjean, ex-prisioneiro, pobre e de bom coração que, após prosperar economicamente, dedica-se a ajudar os mais necessitados – por isso ajuda Cosette, operária que está distante da filha e que tem o sonho de revê-la.

Note, no trecho a seguir, como Victor Hugo descreve a população socialmente menos favorecida da França, à qual ele dedicou a obra:

> *Não enxerguemos, contudo; este querubim da enxurrada tem algumas vezes camisa, mas neste caso não tem mais de uma; calça algumas vezes sapatos, mas sem solas; tem por vezes casa que estima, porque nela encontra sua mãe, mas prefere a rua, porque nela acha a liberdade. Tem seus brinquedos e malícias, que lhes são próprios, que é o ódio aos burgueses.* (Hugo, 1979, p. 247)

Lord Byron e o Mal do Século:
poesia e morbidez como um novo caminho para a expressão da subjetividade e da liberdade românticas

Mergulhada cada vez mais nos conflitos da alma humana, a poesia romântica de versos pessimistas, em que o desencanto pela vida torna-se o ponto mais alto, também formou escola dentro do romantismo, ficando conhecida como *ultrarromântica*. Lord Byron, escritor inglês nascido em Londres, em 22 de janeiro de 1788, foi um dos grandes precursores desse grupo, influenciando diversos outros poetas. A morte, a solidão, o tédio, a tristeza e a melancolia são os temas principais de seus versos. Leia um trecho de *Trevas*, um dos trabalhos mais conhecidos de Byron (2007, p. 11):

Eu tive um sonho que não era em tudo um sonho
O sol esplêndido extinguira-se, e as estrelas
Vaguejavam escuras pelo espaço eterno,
Sem raios nem roteiro, e a enregelada terra
Girava cega e negrejante no ar sem lua;
Veio e foi-se a manhã – veio e não trouxe o dia;
E os homens esqueceram as paixões, no horror
Dessa desolação; e os corações esfriaram
Numa prece egoísta que implorava luz:
E eles viviam ao redor do fogo; e os tronos,
Os palácios dos reis coroados, as cabanas,
As moradas, enfim, do gênero que fosse,
Em chamas davam luz; cidades consumiam-se
E os homens se juntavam juntos às casas ígneas
Para ainda uma vez olhar o rosto um do outro;
[...]

Sendo uma geração de poetas com mortes prematuras, ligadas geralmente à vida boêmia e à tuberculose, que se alastrava com muita velocidade naquele período, esses escritores, além de ultrarromânticos, são conhecidos como pertencentes à geração do Mal do Século.

Para o estudioso Vitor Manuel de Aguiar e Silva (1979, p. 481), "o Mal do Século exprimia o 'cansaço e a frustração resultantes da impossibilidade de realizar o absoluto' aspirado pelo homem romântico".

Atividades

1. Qual das alternativas você considera correta?
    a. O romantismo europeu teve como principal característica o conflito entre o pensamento antropocêntrico e o teocêntrico.

b. No século XVII, nasce a sociedade burguesa moderna, levando o homem ocidental a novos moldes de vida, o que transforma a literatura também.
c. O romantismo teve como um de seus principais focos a valorização da subjetividade.
d. O romantismo foi uma corrente estritamente ligada à literatura.

2. O romantismo europeu, que mais tarde chegou ao Brasil, teve como base econômica transformadora da sociedade europeia o:
   a. socialismo.
   b. capitalismo.
   c. comunismo.
   d. maneirismo.

3. Com o advento da sociedade burguesa, algumas modificações começam a ocorrer nos hábitos literários e na própria literatura. Qual afirmativa a seguir justifica esse fato?
   a. A aristocracia passa a ter mais acesso à informação; com isso, torna a literatura cada vez mais erudita.
   b. A burguesia moderna passa a consumir a literatura que até então era restrita à nobreza, mas sem influenciar diretamente na sua produção.
   c. A partir da industrialização moderna, a escrita literária ganha novas formas, respondendo ao gosto de um novo leitor.
   d. A literatura, com a rotina industrial que começa a ganhar força, fica em segundo plano para a burguesia.

4. O que significava a morte para os românticos e, principalmente, para os ultrarromânticos?
   a. A fuga das angústias mais internas e emocionais do indivíduo.
   b. A representação da sociedade capitalista.
   c. O medo de um novo mundo que nascia.
   d. Uma resposta às correntes literárias anteriores.

5. Qual o processo de interiorização do pensamento romântico?
   a. Individualização, objetividade e razão.
   b. Individualização, subjetividade e razão.
   c. Individualização, subjetividade e emoção.
   d. Individualização, objetividade e emoção.

(7)

Romantismo no Brasil

Ítalo Ogliari

Como vimos no capítulo anterior, o romantismo surgiu na Europa com a ascensão da burguesia, o que despertou a busca pela individualidade, pela subjetividade, pelas emoções, chegando ao extremo com a poesia ultrarromântica. Mas isso não deixou de fora uma produção literária voltada aos problemas sociais, que também se fez forte.

(7.1) A origem do romantismo brasileiro e suas principais características

O romantismo brasileiro, seguindo o modelo europeu, trilhou caminhos parecidos. Exaltou o lado sentimental e emocional do homem, a subjetividade, foi exacerbadamente romântico e se preocupou com os problemas sociais. Gonçalves de Magalhães é considerado pela historiografia literária brasileira como um dos precursores do nosso romantismo, destacando-se, nesse sentido, sua obra *Suspiros poéticos e saudades*, de 1836. Também não se pode deixar de lado os escritos de Casimiro de Abreu, poeta que tratou do amor, da infância, das tristezas da vida e da saudade da pátria. Veja, a seguir, um trecho do poema *Meus oito anos* (Castello, 1988, p. 56):

> *Oh! Que saudades que tenho*
> *Da aurora da minha vida,*
> *Da minha infância querida*
> *Que os anos não trazem mais!*
> *Que amor, que sonhos, que flores,*
> *Naquelas tardes fagueiras,*
> *À sombra das bananeiras,*
> *Debaixo dos laranjais!*
> *[...]*

No entanto, e apesar de ter sido Gonçalves de Magalhães o introdutor do romantismo no Brasil, o grande responsável pela consolidação da literatura romântica em nosso país foi o poeta Gonçalves Dias. A exaltação da natureza, o retorno ao passado histórico, a figura do índio como representante da nacionalidade brasileira e todos os outros elementos que o nosso romantismo buscava foram temas de suas obras. Maranhense, nascido em 1823, Gonçalves Dias imortalizou-se com a famosa *Canção do exílio* (Dias, 2000), do livro *Primeiros cantos*, publicado em 1847:

Minha terra tem palmeiras,
Onde canta o sabiá;
As aves que aqui gorjeiam,
Não gorjeiam como lá.

Nosso céu tem mais estrelas,
Nossas várzeas têm mais flores,
Nossos bosques têm mais vida,
Nossa vida mais amores.

Em cismar, sozinho, à noite,
Mais prazer encontro eu lá;
Minha terra tem palmeiras,
Onde canta o sabiá.

Minha terra tem primores,
Que tais não encontro eu cá;
Em cismar – sozinho, à noite –
Mais prazer encontro eu lá;
Minha terra tem palmeiras,
Onde canta o sabiá.

Não permita Deus que eu morra,
Sem que eu volte para lá;
Sem que desfrute os primores
Que não encontro por cá;
Sem qu'inda aviste as palmeiras,
Onde canta o sabiá.

No entanto, um dos traços mais marcantes na produção de Gonçalves Dias é o INDIANISMO. Podemos considerá-lo como o maior poeta indianista brasileiro, com sua famosa obra *I-Juca Pirama*, publicada em 1846. Ao lado de Gonçalves de Magalhães, é um dos principais autores da primeira geração da poesia romântica brasileira.

A segunda geração – com Álvares de Azevedo, Casimiro de Abreu, Fagundes Varela e Junqueira Freire – compôs o ultrarromantismo nacional, o Mal do Século. Contudo, foi Álvares de Azevedo seu nome mais forte. De vida extremamente curta – nascido em 1831, falecido em 1852 –, deixou escritos marcados pelo egocentrismo mórbido, pelo pessimismo, pelo culto aos cadáveres, pelo satanismo e pela atração pela morte de todas as formas. Na prosa, escreveu *Noite na taverna* – publicada postumamente em 1855 –, livro de contos também de temática sombria. Conheça um de seus mais famosos e melancólicos poemas, *Se eu morresse amanhã* (Azevedo, 2003):

> *Se eu morresse amanhã, viria ao menos*
> *Fechar meus olhos minha triste irmã;*
> *Minha mãe de saudades morreria*
> *Se eu morresse amanhã!*
>
> *Quanta glória pressinto em meu futuro!*
> *Que aurora de porvir e que manhã!*
> *Eu perdera chorando essas coroas*
> *Se eu morresse amanhã!*
>
> *Que sol! que céu azul! que doce n'alva*
> *Acorda a natureza mais louçã!*
> *Não me batera tanto amor no peito*
> *Se eu morresse amanhã!*

Mas essa dor da vida que devora
A ânsia de glória, o dolorido afã...
A dor no peito emudecera ao menos
Se eu morresse amanhã!

A terceira geração, a de Castro Alves, conhecido como *o Poeta dos Escravos*, desenvolve, assim como fez o francês Victor Hugo em sua literatura, uma poesia de caráter político, social e, principalmente, abolicionista. Vamos reler alguns dos versos do belíssimo poema *Navio negreiro* (Alves, 1995):

Era um sonho dantesco... o tombadilho
Que das luzernas avermelha o brilho.
Em sangue a se banhar.
Tinir de ferros... estalar de açoite...
Legiões de homens negros como a noite,
Horrendos a dançar...

Negras mulheres, suspendendo às tetas
Magras crianças, cujas bocas pretas
Rega o sangue das mães:
Outras moças, mas nuas e espantadas,
No turbilhão de espectros arrastadas,
Em ânsia e mágoa vãs!

E ri-se a orquestra irônica, estridente...
E da ronda fantástica a serpente
Faz doudas espirais...
Se o velho arqueja, se no chão resvala,
Ouvem-se gritos... o chicote estala.
E voam mais e mais...

Presa nos elos de uma só cadeia,
A multidão faminta cambaleia,

E chora e dança ali!
Um de raiva delira, outro enlouquece,
Outro, que martírios embrutece,
Cantando, geme e ri!
[...]

> *Pense nisso! Se a literatura romântica brasileira seguiu os mesmos caminhos do romantismo europeu, exaltando as emoções, a subjetividade, a poesia byroniana e até mesmo dedicando-se a uma literatura de caráter social, por que alguns poetas falavam tanto dos índios e das saudades da pátria, enaltecendo o Brasil? Isso não acontecia lá!*

Boa pergunta, não é? Mas a resposta é menos complicada do que parece. O romantismo brasileiro seguiu, sim, os passos dos escritores e narrativas europeias, inclusive no que diz respeito ao espaço de circulação da imprensa, ao surgimento de novos leitores etc. Havia subjetividade, o "eu" era levado aos seus conflitos mais angustiantes, tendo como representação o pensamento e a visão de mundo da Europa romanticista. Porém, aqui estava acontecendo algo diferente: em 1822 havia sido proclamada a independência de Portugal, e o Brasil, como país novo e livre, queria construir sua própria identidade, ter sua própria história. Isso fez com que o romantismo brasileiro, apesar de todas as características equivalentes aos movimentos de fora, principalmente ao francês, tivesse essa preocupação distinta daqueles nos quais se espelhava: era uma corrente que buscava firmar, em primeiro lugar, o NACIONALISMO.

Como escreve Veríssimo (1998, p. 222-223),

> *Tinha razão Gonçalves de Magalhães quando do seu estudo sobre a nossa literatura notava que no começo daquele século "uma só ideia absorve todos os pensamentos, uma ideia até então quase desconhecida; é a ideia de pátria; ela domina tudo, e tudo se faz por ela e em seu nome. Independência, liberdade, instituições sociais, reformas políticas, todas as criações necessárias em uma nova nação, tais são os objetos que ocupam a inteligência, que atraem a atenção de todos, e os únicos que ao povo interessam".*

Mas o nacionalismo brasileiro, essa necessidade de construir uma verdadeira identidade nacional, não se acabou com a primeira geração de poetas. Ele ainda permanece, e com muita vivacidade, pois temos outros prosadores que revalorizam os mesmos espaços, e esse sentimento também se faz presente em suas narrativas.

(7.2)
A prosa romanesca brasileira e o nascimento do romance

A partir de 1830, os romances europeus começam a ser traduzidos e a circular com mais facilidade na sociedade brasileira. O modelo de escrita, geralmente em folhetins, despertou interesse dos nossos escritores, que também desejavam por meio do folhetim divulgar suas obras. Nesse contexto, além dos poetas, os romancistas começaram a fazer-se presentes entre o público leitor no Brasil. Mencionamos, aqui, alguns nomes que se destacaram:

- Joaquim Manuel de Macedo, autor de *A moreninha* e *O moço loiro*;
- José de Alencar, autor de *Senhora, Lucíola, O gaúcho, O sertanejo, O guarani, Iracema*, entre outros;
- Bernardo Guimarães, com *O seminarista, O garimpeiro* e *A escrava Isaura*;
- Franklin Távora, autor de *O cabeleira, O matuto* e *Lourenço*;
- Visconde de Taunay, com *Inocência* e *A retirada da Laguna*;
- Manuel Antônio de Almeida, com *Memórias de um sargento de milícias*, considerado por muitos como um precursor do realismo brasileiro.

Entre todos os nomes citados, destacamos JOSÉ DE ALENCAR, nascido em Mecejana, Ceará, em maio de 1829, e falecido no Rio de Janeiro, em dezembro de 1877. Alencar foi advogado, jornalista, político e também teatrólogo. Decidido a construir a história da fundação do Brasil por meio de sua literatura, podemos tê-lo como o maior autor da prosa romântica brasileira. A valorização de tudo o que considerava de caráter nacional – o amor pela terra e a preocupação em legar ao Brasil uma narrativa que pudesse dar conta de sua gênese – fez com que o autor, em 1857, publicasse *O guarani*, introduzindo no país o romance histórico e distinguindo-se de seus colegas escritores. Seus trabalhos renderam-lhe elogios de Machado de Assis no *Diário do Rio de Janeiro*, em 1866 (Bosi, 2008, p. 135).

Ressaltemos, neste ponto, as palavras de Veríssimo (1998, p. 284):

> *É esta a primeira distinção de José de Alencar, introduzir no romance brasileiro o índio e os seus acessórios, aproveitando-o ou em plena selvageria ou em comércio com o branco. Como o quer representar no seu ambiente exato, ou que lhe parece exato, é levado a fazer também, se não antes*

de mais ninguém, com talento que lhe assegura a primazia, o romance da natureza brasileira.

Depois da consagração de *O guarani*, Alencar ainda percorreu o mesmo ideal, publicando, em 1865, *Iracema*. Ao lado do primeiro, o romance *Iracema* faz com que José de Alencar atinja o objetivo a que se propôs em seu projeto nacionalista, ao tentar associar a fundação da nação brasileira ao espírito do seu povo. Acompanhe a avaliação de Cademartori (2000, p. 41) sobre a relevância do romantismo na contextualização do nacionalismo em nosso país:

> *Afirmando o relativo contra qualquer tendência absolutista, o Romantismo valorizou os fatores locais, fazendo do nacionalismo um traço decisivo do estilo. Usado como afirmação da identidade nacional no processo de autonomia literária, correspondeu, no Brasil, no plano artístico, à nossa liberdade política. Com o Romantismo, o tema local ganha proeminência e cabe às descrições darem conta da exuberância da paisagem e da curiosidade e peculiaridade dos costumes do país.*

O romantismo brasileiro, então, com seu projeto nacionalista, valorizou o índio, tentando, tanto na prosa quanto na poesia, criar um mito fundador da nação brasileira e teve, com José de Alencar, seu ponto mais alto, com a introdução do romance histórico.

E foi só isso?

José de Alencar, percebendo que seu país era muito mais amplo e rico do que se poderia conceber e não satisfeito com "um só e mesmo Brasil" até então abordado pela literatura brasileira, resolveu, mais uma vez, fazer a diferença: como bom conhecedor de sua terra, passou a dar atenção especial às diferentes regiões. É o início do romance REGIONALISTA.

Os romances regionalistas de Alencar – *O gaúcho*, *O tronco do ipê* e *O sertanejo* – denotam o interesse pelo exotismo das regiões mais afastadas do Brasil (afastadas de centros como o eixo Rio-São Paulo). Como principal temática, essas obras aliam os hábitos sociais da vida do homem do campo à beleza natural das terras brasileiras. Destacam a figura do homem, sempre rude e forte, e mostram a mulher em um estado de grande submissão.

É comum encontrarmos críticas à excessiva idealização dessas figuras, como a do próprio gaúcho e a do sertanejo. Não podemos negar, aqui, que essa visão realmente se faz presente. São, sim, personagens muito idealizadas, beirando a caricatura (no bom sentido). No entanto, isso em nada desmerece o trabalho de José de Alencar, pois serviu de impulso primeiro para o que mais tarde se tornaria um gênero de nossas letras: a literatura regionalista. E Alencar não estava sozinho nessa caminhada: Visconde de Taunay, assim como o colega, debruçou-se sobre essa corrente, fazendo de *Inocência*, com suas descrições minuciosas da paisagem do sertão mato-grossense, uma obra-prima do romance regionalista brasileiro.

Atividades

1. Como o romantismo brasileiro se desenvolveu?
   a. Como uma cópia fiel do modelo europeu.
   b. Com características particulares em razão da falta de contato com a literatura de outros países.
   c. Acolhendo as ideias românticas europeias, mas descobrindo seu próprio caminho no nacionalismo.
   d. Como uma cópia fiel apenas do romantismo português.

2. Marque a alternativa correta:
   a. O romantismo brasileiro surgiu justamente em um período em que o país vivia sua fase mais árdua como colônia portuguesa.
   b. Os românticos brasileiros tinham como principal ideologia fundar a nação na tentativa de motivar e conquistar sua independência política.
   c. O romantismo brasileiro surgiu justamente em um período novo para o país, que conquistara sua independência em 1822.
   d. O romantismo brasileiro surgiu como corrente literária somente a partir da literatura escrita pelos próprios índios.

3. O romance histórico brasileiro foi implantado por Alencar porque o autor desejava:
   a. criar um gênero novo na literatura ocidental.
   b. introduzir no Brasil um gênero que pudesse dar conta, de forma mais adequada, da formação da nação brasileira.
   c. combater a poesia indianista e nacionalista.
   d. tornar-se um dos primeiros escritores brasileiros a trabalhar a literatura em forma de folhetim no país, que começa a tornar-se popular com o desenvolvimento da imprensa.

4. Indique a afirmativa que você considera INCORRETA:
   a. Com toda a atenção voltada para a tentativa de construção de uma identidade legitimamente brasileira, o romantismo nacional aboliu a subjetividade característica dessa escola literária.
   b. Os poetas românticos brasileiros também se dedicaram às causas sociais, como a precária condição dos negros.
   c. O Brasil, apesar das vertentes nacionalistas, teve uma importante produção influenciada pelo modelo byroniano.

d. A historiografia literária brasileira atribui a Gonçalves de Magalhães o título de introdutor do romantismo brasileiro.

5. O regionalismo brasileiro, corrente nascida neste mesmo período que estamos estudando, foi desenvolvido por José de Alencar porque _____ .
Assinale a alternativa que completa corretamente a frase:
   a. seu projeto primeiro de fundar a nação brasileira havia falido.
   b. o romance indianista começava a perder leitores e não agradava a todas as regiões brasileiras.
   c. depois do sucesso e das críticas favoráveis aos seus trabalhos anteriores, recebeu proposta de escrever, com outros escritores, uma literatura que chegasse aos sítios mais remotos de nosso país, na tentativa de promover uma descentralização cultural.
   d. fazia parte, ainda, de seu projeto primeiro. A construção da identidade nacional deveria, para o romancista, ser formada não por um só Brasil, mas por todos os brasis existentes dentro dessa nação.

(8)

A poesia romântica brasileira

Mara Elisa Matos Pereira possui graduação em Letras pela Universidade Federal do Rio Grande do Sul – UFRGS (1992) e graduação em Psicologia pela mesma instituição (2003). Tem mestrado (1996) e doutorado (2001) em Linguística e Letras pela Pontifícia Universidade Católica do Rio Grande do Sul – PUCRS. Tem experiência na área de letras, com ênfase em teoria literária, ministrando disciplinas de Literatura, Crítica e Teoria. Atua principalmente com os seguintes temas: gênero biográfico, história, ficção e subjetividade.

Mara Elisa Matos Pereira

A poesia romântica brasileira ocupa um lugar de grande importância no projeto de constituição da identidade nacional. Vimos que o romantismo, em nossa terra, surge fortemente identificado com a independência do país, assumindo, em grande medida, um cunho nacionalista. A preocupação com a construção de uma literatura independente da portuguesa é, pois, uma das marcas do movimento romântico brasileiro.

Porém, como o romantismo europeu, o nosso também é multifacetado e abriga um conjunto de tendências nem sempre convergentes. Às vezes, um mesmo autor nos oferece mais de uma faceta. Na poesia, isso fica muito claro. Os principais poetas, ao mesmo tempo que estão identificados com o código estético do romantismo europeu, concretizando mais de uma de suas características (egocentrismo, evasão, pessimismo, exaltação da natureza etc.), revelam particularidades vinculadas ao fato de estarem inseridos em uma cultura diferente, resultante de um outro espaço sócio-histórico.

Neste capítulo, retomaremos elementos apresentados anteriormente, seguindo o caminho da produção poética brasileira do período. Traçaremos, primeiramente, um panorama dessa produção para, em um momento seguinte, apresentar os principais poetas pertencentes ao cânone romântico brasileiro.

Esses poetas ganharam um lugar especial na história da literatura brasileira e, até hoje, são vistos como os maiores expoentes do nosso romantismo. São, na sua grande maioria, jovens acadêmicos, encantados com a cultura europeia, mas identificados também com sua terra natal. Como diz Franchetti (1994, p. 205):

> *No Brasil do Segundo Império, fazer versos era uma atividade típica da juventude estudantil, que frequentemente se despedia da vida acadêmica e boêmia com a publicação de um livro de poemas que não teria continuação pelo burocrata ou pelo político. Disso decorre que na maior parte de nossa boa poesia romântica os temas da época se ressintam de uma visada exclusivamente juvenil. Disso decorre também a persistente identificação, entre nós, de poesia e juventude, que vai muito além do período romântico em que se firmou.*

Vários desses poetas morreram muito jovens, deixando-nos uma poesia em que traços adolescentes podem ser facilmente percebidos nas escolhas temáticas que aludem ao amor não realizado e à dificuldade de se adaptar ao mundo real. Apresentaremos, na sequência, alguns deles, procurando estabelecer um rápido perfil de sua produção.

(8.1)
As três gerações da poesia romântica brasileira

Um dos esquemas mais tradicionais de apresentação da poesia romântica brasileira é aquele que a organiza em um conjunto tripartido que tem como base, sobretudo, dois critérios: um temporal e um temático. Isso significa que os textos poéticos do período foram distribuídos em grupos, de acordo com o momento histórico de sua produção, de suas principais preocupações temáticas e, por fim, de suas características formais.

Na verdade, o critério formal não tem muita valia para a construção do esquema das três gerações, visto que encontramos uma grande multiplicidade de recursos formais empregados pelos poetas românticos, resultado da adesão à ideia de liberdade de expressão, uma das marcas do estilo de época em questão. Um exemplo dessa configuração formal variada é o poema *I-Juca Pirama*, de Gonçalves Dias. São dez cantos que assumem formas diferentes. Encontramos, por exemplo, um esquema métrico marcado pela musicalidade intensa, como podemos observar no seguinte excerto do Canto IV (Dias, 2003, p. 25):

Da tribo pujante,
Que agora anda errante
Por fado inconstante,
Guerreiros, nasci;
Sou bravo, sou forte,
Sou filho do Norte;
Meu canto de morte,
Guerreiros, ouvi.
[...]

Identificamos também um esquema métrico que lança mão do verso livre e branco, como o do exemplo que segue (Dias, 2003, p. 27)

– Mentiste, que um Tupi não chora nunca,
E tu choraste!... parte; não queremos
Com carne vil enfraquecer os fortes.
Sobresteve o Tupi: – arfando em ondas
O rebater do coração se ouvia
Precípite. – Do rosto afogueado
Gélidas bagas de suor corriam:
Talvez que o assaltava um pensamento
Já não... que na enlutada fantasia,
Um pesar, um martírio ao mesmo tempo,
Do velho pai, a moribunda imagem
Quase a bradar-lhe ouvia: – Ingrato! Ingrato!
Curvado o colo, taciturno e frio,
Espectro d'homem, penetrou no bosque!
[...]

A mistura de diferentes tipos de métrica e ritmo que podemos observar no referido poema, somada à presença de traços narrativos, dramáticos e líricos, faz dele um ótimo exemplo do grande mosaico de escolhas formais realizadas pelos poetas do período. Além disso, os românticos se aproximaram da poesia popular, corrente na oralidade, isto é, da poesia transmitida por meio de manifestações do folclore, em busca das raízes genuínas do povo, afastando-se o quanto puderam – mas não de todo – de uma prática poética erudita. Essas escolhas refletiam o gosto da nova classe dominante, a burguesia, e os fizeram ser muito bem acolhidos por ela.

Atualmente, os estudiosos de literatura (teóricos, críticos ou historiadores), questionam os esquemas tradicionais de eleição de obras e classificação de grupos; porém, ainda convivemos com isso de forma intensa, e o sistema de ensino brasileiro mantém firme a proposta didática de apresentação do cânone conforme essa organização tradicional.

A produção poética do romantismo brasileiro, então, foi dividida em três fases. A primeira, considerada de cunho nacionalista, é inaugurada por Gonçalves de Magalhães, em 1836, e busca estabelecer as bases de uma literatura nacional. Encontramos aí também Gonçalves Dias.

A segunda geração está mais vinculada ao romantismo inglês de Lord Byron. Chamada de *geração do Mal do Século*, ela agrega um bom número de poetas, entre os quais destacamos Álvares de Azevedo, Casimiro de Abreu, Fagundes Varela e Junqueira Freire. Todos muito jovens, acadêmicos, impregnados pelas leituras dos autores europeus, criam, em cenário brasileiro, uma imitação dos estados de alma burgueses cantados pelos românticos marginais, amargurados e presos à ideia de morte como solução para todos os conflitos.

A terceira geração, chamada *condoreira*, está ligada à figura de Castro Alves, que desenvolve uma poesia ora marcadamente panfletária e engajada em causas humanistas –

sobretudo referentes à questão da escravatura brasileira –, ora lírica, introduzindo uma visão de amor vinculada à realização no terreno sexual, postura não observada na lírica amorosa das duas primeiras gerações.

É importante salientarmos também que a poesia foi responsável pela introdução do movimento romântico no Brasil. A publicação da obra *Suspiros poéticos e saudades*, de Gonçalves de Magalhães, em 1836, é vista como o marco de início desse estilo em nossa terra. Conforme Franchetti (1994), nesse mesmo ano, um grupo de intelectuais brasileiros lança, em Paris, a revista *Nitheroy*. No primeiro número, o mesmo Magalhães publica o estudo *Ensaio sobre a história da literatura do Brasil*, considerado uma espécie de manifesto romântico.

Nele, Magalhães compara a literatura de um povo com o fruto de uma árvore, pois essa forma de expressão possuiria características que o diferenciam de outros povos. Porém, segundo o poeta, assim como as árvores podem sofrer enxertos, a produção literária de um povo também pode sofrer a influência de outros.

Ele, então, constrói uma tipologia na qual temos três tipos de literatura: as totalmente autóctones, isto é, ORIGINAIS, como a grega; as NACIONAIS, que revelam traços de outras formações culturais, como as literaturas europeias; e as literaturas COMPÓSITAS, que se originam de uma mescla de diferentes elementos culturais perfeitamente integrados e inseparáveis (Franchetti, 1994). O desejo de Magalhães é que se construísse, no Brasil, uma literatura do terceiro tipo.

Segundo ele, até a vinda de D. João VI para o Brasil, em 1808, a simples importação dominara a literatura. É a independência, que se concretiza em 1822, que permite uma tomada de consciência em relação à questão do que é nacional. Fica clara a posição antilusitana de Magalhães, que se "esforça por demonstrar sua influência nociva em todos os estágios da constituição da cultura brasileira" (Franchetti, 1994, p. 190).

Já a obra poética de Magalhães, também publicada em Paris, possui relevância apenas histórica. Como observa Franchetti (1994, p. 191):

> *Suspiros poéticos e saudades tem muito pouco a oferecer além da tematização das mesmas questões melhor apresentadas no artigo da Nitheroy. Nem mesmo os indígenas, que Magalhães considerava os reais antepassados dos brasileiros e a quem dedica várias páginas de prosa, comparecem em nosso primeiro livro programaticamente romântico. Ou melhor, comparecem apenas como reminiscência literária de Basílio da Gama e Santa Rita Durão: as heroínas Lindoia, Moema e Paraguaçu. No geral, são poemas em que a tônica se divide entre um cristianismo cansativo, apresentado a cada passo como oposição à musa pagã do neoclassicismo, e uma crença inflexível no progresso da humanidade, no triunfo final do belo, do santo e do justo por meio do exercício da razão. Embora tentasse insistentemente ser romântico, a verdade é que também ele quase nunca abandonou o gosto neoclássico.*

O valor de Magalhães e do grupo de poetas que ele lidera está no desejo de construir uma literatura diferente da portuguesa, ainda que utilize a língua do colonizador. Por seu valor mais histórico do que estético, encerraremos aqui as considerações sobre esse autor. Passaremos ao estudo dos principais poetas românticos, estes, sim, com uma produção que consegue ir além de servir como documento de uma época.

(8.2)

Gonçalves Dias

Também pertencente à primeira geração da poesia romântica, Antônio Gonçalves Dias (1823-1864) se diferencia de Magalhães principalmente por produzir obras de maior qualidade estética. Segundo Bosi (1994), ele foi o primeiro poeta autêntico a emergir em nosso romantismo. Embora mantenha algum contato com a literatura do grupo de Magalhães, "a sua personalidade de artista soube transformar os temas semelhantes em obras poéticas duradouras que o situam muito acima de seus predecessores" (Bosi, 1994, p. 104).

Segundo Moisés (1985), a EMOÇÃO é a marca da produção de Gonçalves Dias. Os temas recorrentes no conjunto de sua obra são o amor, a natureza, a religiosidade, o indígena, a saudade da pátria, todos tratados com exacerbada sensibilidade pelo poeta.

Em seu primeiro livro publicado, intitulado *Primeiros cantos*, de 1846, ele apresenta, no prólogo, sua concepção de poesia:

> *Casar assim o pensamento com o sentimento – o coração com o entendimento – a ideia com a paixão – colorir tudo isso com a imaginação, fundir tudo isto com a vida e com a natureza, purificar tudo com o sentimento da religião e da divindade, eis a Poesia – a Poesia grande e santa – a Poesia como eu a compreendo sem a poder definir, como eu a sinto sem a poder traduzir.* (Dias, 2000)

É assim que ele conduz o seu fazer poético, fortemente influenciado pela poesia ibérica e pelo romantismo.

Podemos observar, ao longo de sua obra, a tradução do que ele afirma nesse prólogo. Sua lírica amorosa está marcada pela IDEALIZAÇÃO. O apaixonar-se surge como uma predisposição ao sofrimento, à angústia e à solidão. A fim de exemplificarmos, citaremos uma estrofe do poema intitulado *Como eu te amo* (Dias, 2003):

> *Assim eu te amo, assim; mais do que podem*
> *Dizer-to os lábios meus – mais do que vale*
> *Cantar a voz do trovador cansada:*
> *O que é belo, o que é justo, santo e grande*
> *Amo em ti. – Por tudo quanto sofro,*
> *Por quanto já sofri, por quanto ainda*
> *Me resta de sofrer, por tudo eu te amo.*
> *O que espero, cobiço, almejo, ou temo*
> *De ti, só de ti pende: oh! nunca saibas*
> *Com quanto amor eu te amo, e de que fonte*
> *Tão terna, quanto amarga o vou nutrindo!*
> *Esta oculta paixão, que mal suspeitas,*
> *Que não vês, não supões, nem te eu revelo,*
> *Só pode no silêncio achar consolo,*
> *Na dor aumento, intérprete nas lágrimas.*
> *[...]*

Nela percebemos a intensidade emotiva do EU LÍRICO e o caráter platônico do amor por ele declarado. Esses traços costumam se repetir na lírica amorosa de Gonçalves Dias.

A apresentação dos elementos naturais e de sua relação com o divino é outra faceta da lírica do poeta. Nesse conjunto, observamos claramente a concepção romântica de fusão do eu lírico com o ambiente natural, onde ele encontra um refúgio para sua alma e uma tradução de seus sentimentos mais profundos. É o que vemos concretizar-se no poema *A noite* (Dias, 2003):

Eu amo a noite solitária e muda,
Quando, bem como em salas de banquete
Mil tochas aromáticas ardendo,
Giram fúlgidos astros!
Eu amo o leve odor que ela difunde,
E o rorante frescor caindo em pér'las,
E a mágica mudez que tanto fala,
E as sombras transparentes!

Oh! quando sobre a terra ela se estende,
Como em praia arenosa mansa vaga;
Ou quando, como a flor dentre o seu musgo,
A aurora desabrocha;
Mais forte e pura a voz humana soa,
E mais se acorda ao hino harmonioso,
Que a natureza sem cessar repete,
E Deus gostoso escuta.

Essas estrofes ilustram a fusão anteriormente referida. Além disso, vemos aí configurada a combinação entre eu lírico, natureza e Deus.

É comum encontrarmos também, com destaque por parte dos críticos, uma produção considerada nacionalista, que reserva sua melhor faceta no desenvolvimento do tema indianista. Entretanto, para alguns, o indianismo do poeta está mais relacionado a um gosto pelos temas exóticos que são abordados no conjunto de sua produção (Franchetti, 1994).

Moisés (1984) afirma que o indianismo de Gonçalves Dias está fortemente marcado por traços de um ambiente MEDIEVALISTA. Apesar disso, o indígena que aparece em suas poesias guarda traços que o aproximam do verdadeiro indígena brasileiro. Isso decorre de um conhecimento fruto dos estudos realizados pelo poeta a respeito das civilizações primitivas. Já apresentamos um fragmento de sua poesia indianista na parte dedicada às três gerações de poesia romântica.

Quanto aos aspectos formais, Franchetti (1994, p. 193) observa:

> *O autor da maior parte dos versos que nos acostumamos a reconhecer como legitimamente brasileiros é, dentre os românticos, o que manteve ao longo da vida a mais íntima ligação com o lirismo peninsular ibérico. O gosto pelo vocabulário arcaico, pela temática medieval e pela construção castiça revela, a cada passo, os frutos de sua convivência coimbrã com os românticos portugueses.*

Para encerrarmos esta apresentação, gostaríamos de relembrar que é de Gonçalves Dias um dos mais famosos poemas da literatura brasileira, *Canção do exílio*, escrita em Coimbra em julho de 1843. Destacaremos a seguir um fragmento (Dias, 2003, p. 99):

Minha terra tem palmeiras,
Onde canta o Sabiá;
As aves que aqui gorjeiam,
Não gorjeiam como lá.

Nosso céu tem mais estrelas,
Nossas várzeas têm mais flores,
Nossos bosques têm mais vida,
Nossa vida mais amores.
[...]

Nesse poema, Gonçalves Dias conjuga a temática da saudade da pátria com a exaltação da natureza, resultando em um ótimo exemplo do nacionalismo romântico brasileiro, marcado pela idealização. Além disso, o poema é dotado de uma musicalidade que ilustra muito bem a habilidade de composição poética do autor em questão.

(8.3) Álvares de Azevedo

O jovem Manuel Álvares de Azevedo (1831-1852) é cercado por uma aura de mistério e sofrimento. Uma espécie de menino-prodígio, morreu cedo e não deixou nada publicado em vida. Apesar disso, sua produção, irregular, própria do que hoje chamamos *adolescente*, abriga uma variada forma de expressões literárias. Ele escreveu poesia, mas também prosa e teatro. Apresentou-se como um autor dividido entre dois mundos, opostos mas difíceis de serem interpretados em profundidade sem que sejam vistos como universos complementares. Seu livro de poesias, *Lira dos vinte anos*, abriga esses dois universos por ele mesmo explicados, um universo repleto de candura e desejo sublimado, em contraposição ao universo subterrâneo do marginal, com rasgos irônicos e realistas.

Azevedo não se ocupa da cor local e apresenta uma produção marcada pelo diálogo com os poetas europeus: ingleses, franceses e alemães. Segundo Franchetti (1994, p. 199):

> *Leitor extremamente voraz, Azevedo abriu-se a todas as influências, que nem sempre teve tempo para depurar e solidificar. Vários de seus textos – principalmente os poemas longos, que não quis ou não pôde talvez rever para a publicação – ficam prejudicados pelo uso excessivo de referências literárias e lugares-comuns do ultrarromantismo.*

Na primeira parte de *Lira dos vinte anos*, segundo Bosi (1994, p. 112), observamos uma forte tendência à evasão e ao sonho: "A evasão segue, nesse jovem hipersensível, a rota de Eros, mas o horizonte último é sempre a morte [...]. E alguns dos mais belos versos do poeta são versos para a morte". O famoso poema *Lembrança de morrer* (Azevedo, 2003, p. 110-111) é um exemplo disso:

> *Quando em meu peito rebentar-se a fibra,*
> *Que o espírito enlaça à dor vivente,*
> *Não derramem por mim nem uma lágrima*
> *Em pálpebra demente.*
>
> *[...]*
>
> *Eu deixo a vida como deixa o tédio*
> *Do deserto, o poento caminheiro*
> *– Como as horas de um longo pesadelo*
> *Que se desfaz ao dobre de um sineiro.*

Na segunda parte da *Lira*, temos um outro tipo de produção que é anunciada por um famoso prefácio: "Cuidado, leitor, ao voltar esta página! Aqui dissipa-se o mundo visionário e platônico. Vamos entrar num mundo novo, terra fantástica, verdadeira ilha Baratária de D. Quixote, onde Sancho é rei" (Azevedo, 2003, p. 112).

Os poemas dessa parte caracterizam-se pela abordagem de situações cotidianas, pela irreverência e pela ironia, pelo humor melancólico e pela linguagem coloquial, além de poemas que exploram o sentimento marginal e boêmio diante da sociedade burguesa da época. Conforme Franchetti (1994, p. 208):

> *Tão forte é essa polarização em Álvares de Azevedo que passa a vigorar como um verdadeiro princípio estético: existem*

não só em determinadas imagens recorrentes associadas a cada um desses domínios, como também um tom característico assumido ao tratar de cada um deles. Uma consequência importante é que, quando o poeta tenta fugir às rígidas prescrições que se traçou e combinar os dois universos afetivos em um mesmo texto, o resultado é a fragmentação e a falta de sentido estrutural, como no longo e caótico "O poema do frade".

A polarização de manifestações abre a possibilidade de compreender a produção poética de Álvares de Azevedo muito mais como resultado das leituras que fez e das influências que sofreu do que como fruto de suas vivências no mundo real.

(8.4)
Casimiro de Abreu

Também pertencente à segunda geração romântica, Casimiro José Marques de Abreu (1839-1860) é um dos poetas mais populares da literatura brasileira. Segundo Bosi (1994), esse poeta realizou uma descida de tom em relação à poesia de Gonçalves Dias e Álvares de Azevedo, embora não se diferencie na escolha de temas, pois também compõe textos sobre a saudade, o amor, a natureza, a religiosidade e o nacionalismo.

Para Moisés (1984), a poesia de Casimiro de Abreu oscila entre duas fontes antagônicas, porém convergentes. Ora temos o saudosismo e a evasão para o passado, ora temos o sentimentalismo que se projeta em direção a vagos ideais. Ambas as fontes são marcadas por uma visão negativista ligada à adolescência.

O poema *Meus oito anos* (Barbosa, 1997, p. 114), famoso ainda hoje, ilustra bem a temática da saudade da infância que marca a produção do poeta:

> *Oh! Que saudades que tenho*
> *Da aurora da minha vida,*
> *Da minha infância querida*
> *Que os anos não trazem mais!*
> *Que amor, que sonhos, que flores,*
> *Naquelas tardes fagueiras,*
> *À sombra das bananeiras,*
> *Debaixo dos laranjais!*
> *[...]*

Conforme Moisés (1984, p. 44), "é a infância que, refluindo para as bordas da memória e do presente do poeta, acabará banhando todo o espaço congeminativo abrangido pela sensibilidade, a ponto de se tornar o tema único de que os demais seriam apenas subespécies".

A exaltação da infância como tempo ideal também nos conduz a um mundo cheio de imagens vinculadas a um cenário doméstico e intimista. Além disso, segundo Franchetti (1994):

> *Sua poesia é, por certo ângulo, o oposto exato daquela produção de confraria acadêmica. Escrevendo sobre o momentoso tema do namoro, lido principalmente pelas moças casadoiras da boa sociedade carioca, declamado e modulado ao piano, Casimiro, como um bom valsista, conseguia o difícil equilíbrio entre a sensualidade atrevida, o negaceio recato e a expressão convencional da paixão amorosa.*

A popularidade de Casimiro provavelmente está relacionada com escolhas fáceis. Muitos críticos, como Alfredo Bosi (1994), consideram-no simplório e infantil e, talvez por isso mesmo, esse poeta seja um bom exemplo de grande parte do que se entende por poesia romântica no Brasil e do gosto do leitor burguês do período imperial.

(8.5)
Castro Alves

Antônio Frederico de Castro Alves (1847-1871) representa a faceta mais "engajada" do romantismo brasileiro. Conhecido como *o Poeta dos Escravos*, seus poemas que defendem a causa abolicionista são famosos como um discurso de rejeição à prática escravocrata que sustentava a economia brasileira desde a colonização até o império. Como afirma Bosi (1994, p. 121): "A indignação, móvel profundo de toda a arte revolucionária, tende, na poesia de Castro Alves, a concretar-se em imagens grandiosas que tomam à natureza, à divindade, à história personalizada o material para as metáforas e comparações".

A agitação acadêmica e o gosto por uma retórica que cultiva um tom intenso marcam a produção de sua poesia de cunho humanista. Como observa Franchetti (1994, p. 216), "não era poesia para ser lida, a de Castro Alves, nem necessariamente entendida. Seu objetivo, o mais das vezes, era a comoção pela palavra impressionante. Por isso são muitas as estrofes, versos ou pedaços de versos brilhantes e faltam os poemas bem realizados".

Nesse tipo de poesia, o nacionalismo ganha a forma de discurso contra práticas sociais consideradas indignas para uma nação que deseja ser nova e grande. "Nele, o coletivo, o social e o grandioso é que fornecem as formas para todos os conteúdos" (Franchetti, 1994, p. 217). Vejamos um fragmento do famoso poema *Navio negreiro* (Alves, 1995, p. 133):

> IV
> Era um sonho dantesco... o tombadilho
> Que das luzernas avermelha o brilho.
> Em sangue a se banhar.
> Tinir de ferros... estalar de açoite...
> Legiões de homens negros como a noite,
> Horrendos a dançar...
>
> Negras mulheres, suspendendo às tetas
> Magras crianças, cujas bocas pretas
> Rega o sangue das mães:
> Outras moças, mas nuas e espantadas,
> No turbilhão de espectros arrastadas,
> Em ânsia e mágoa vãs!
>
> E ri-se a orquestra irônica, estridente...
> E da ronda fantástica a serpente
> Faz doudas espirais...
> Se o velho arqueja, se no chão resvala,
> Ouvem-se gritos... o chicote estala.
> E voam mais e mais...
> [...]

Quanto à lírica amorosa, Castro Alves se mantém fiel a algumas características românticas, como a idealização da beleza e do sentimento amoroso. Porém, o autor instaura um discurso mais marcado pela veia erótica. A mulher já não é um ser inatingível, mas a amante ardente. O poema *Amemos* (Alves, 1995, p. 210) é um bom exemplo:

> Ah! fora belo unidos em segredo,
> Juntos, bem juntos... trêmulos de medo,

> *De quem entra no céu,*
> *Desmanchar teus cabelos delirante,*
> *Beijar teu colo!... Oh! vamos minha amante,*
> *Abre-me o seio*
> *[...]*

Nele vemos o par romântico em união amorosa e não mais um eu lírico que sofre e deseja sem atingir a realização. Na lírica amorosa, o autor abandona o tom grandioso dos poemas de cunho social e aproxima-se mais da linguagem dos outros poetas românticos.

Com Castro Alves se encerra a poesia romântica brasileira, pelo menos aquela considerada canônica. Possuímos outros poetas nesse período, mas os quatro apresentados são os mais estudados no espaço escolar.

Atividades

1. Assinale a alternativa correta:
    a. A poesia romântica brasileira rompeu completamente com a influência da lírica portuguesa.
    b. A poesia romântica brasileira pode ser agrupada em três gerações, conforme o período em que foi produzida e as preferências temáticas.
    c. Os poetas românticos brasileiros não foram relevantes para a formação da literatura brasileira.
    d. Nenhum do poetas do período romântico brasileiro se interessou por questões sociais.

2. Gonçalves de Magalhães acreditava que no Brasil se poderia produzir uma literatura:
    a. autóctone, sem qualquer influência de outras culturas.

b. influenciada pela cultura indígena.
c. compósita, fruto de um mistura de várias culturas.
d. cópia da literatura europeia.

3. Gonçalves Dias, apesar de pertencer à primeira geração romântica:
   a. conservou, em sua poesia, marcas da lírica lusitana.
   b. rompeu completamente com o nacionalismo.
   c. não produziu poesias de temática indianista.
   d. não seguiu as características românticas na produção de sua lírica amorosa.

4. Álvares de Azevedo:
   a. produziu somente poemas nacionalistas.
   b. foi um poeta engajado nas lutas sociais do Brasil imperial.
   c. elegeu a morte como uma de suas principais temáticas.
   d. apresenta, em suas poesias, a figura feminina como um ser demoníaco.

5. O poeta Castro Alves ficou conhecido no cenário literário brasileiro:
   a. por produzir uma lírica amorosa mais erótica.
   b. por produzir uma lírica amorosa em que o amor nunca se concretiza.
   c. por produzir apenas poesia social.
   d. por produzir poemas exclusivamente nacionalistas.

(9)

O romance
romântico brasileiro

Mara Elisa Matos Pereira

O romance é um gênero que surge identificado com o mundo burguês, que passa a ser representado por meio da narrativa. No final do século XVIII, o romance assume uma série de funções sociais, oscilando entre duas vocações principais: oferecer apenas entretenimento ou, por outro lado, gerar contestação social. É no romantismo que ele se consolida e ganha força.

Era comum, nesse momento histórico, que os textos romanescos fossem publicados primeiramente em forma de folhetim, nos jornais, para posteriormente ganharem o formato de livro. Dessa maneira, costumavam circular em capítulos e assim eram lidos pelo público.

No Brasil, como já observamos anteriormente, o romance assume um importante papel vinculado à constituição de uma identidade nacional. Vimos que os autores de literatura da época estavam, na sua maioria, envolvidos com a tarefa de criar uma literatura nacional que pudesse dar conta de nossa cultura, diferenciado-a da cultura portuguesa. A nação, como uma comunidade imaginada, torna-se objeto de reflexão por parte dos escritores românticos, tarefa marcada pela complexa experiência da colonização. Um novo "nós" deve se colocar, e a alteridade, representada pelo colonizador, necessita ser incorporada de alguma forma. A internalização de um olhar etnográfico é resultado dessa relação com a alteridade. Conforme escreve Carrizo (2001, p. 31):

> *Os romances românticos e os trabalhos críticos de seus autores, situados no período do pós-independência e em sua voluntariosa contribuição para a formação de uma identidade nacional, operam recompondo este olhar etnográfico. No ponto de intersecção entre o imaginário que conduz a separação e a resistência cultural à ex-metrópole e a construção de uma imagem diferente, própria e concomitante de um Estado consolidado, conciliador e pacificado, esse olhar sofrerá modificações.*

O olhar etnográfico ao qual o autor se refere é herdado dos discursos dos historiadores europeus a respeito do Brasil, anteriores ao romantismo. Ele é definido como "capaz de observar e absorver a diversidade cultural da nação a partir da expressão de tipos diferenciais, atravessados pela tríade raça/costumes/paisagem" (Carrizo, 2001, p. 41).

No romance, esse olhar se manifesta por meio do mapeamento do território nacional em busca de uma geografia que possa simbolizar um Brasil de grandes riquezas naturais, próprio do nacionalismo brasileiro. Além disso, muitas das histórias de amor são marcadas por diferenças étnicas, como no romance *Iracema*, de José de Alencar, ou culturais e/ou econômicas, como em *O seminarista*, de Bernardo Guimarães.

Os autores, ao mesmo tempo que buscavam uma maneira de expressar o nacional, permaneciam sofrendo forte influência da cultura europeia e, no que tange à literatura, ao código estético do romantismo europeu. Esses homens acabaram por assumir um papel de grande importância na formação do pensamento brasileiro do momento pós-independência. Coutinho (1975, p. 176) fala a respeito do papel do homem de letras desse momento histórico:

> *Um traço peculiar da concepção de homem de letras devida ao movimento romântico, e que logrou larga aceitação no Brasil, foi o da missão civilizadora do escritor, que, mago e profeta, estaria destinado a influir na marcha dos acontecimentos, graças à inspiração ou iluminação suprema. Cabia--lhe uma responsabilidade, uma vocação particular, um papel de reforma social e política, na condução da vida da comunidade, uma função educadora, moralizante e progressiva, a exercer junto aos contemporâneos. Esse conceito encontrou guarida na sociedade brasileira, onde dominou, penetrando até os dias presentes, tornando o escritor mais apto a agir e a ser julgado pela atuação política e social que porventura exercer, do que pela obra literária que produzir.*

Poetas e romancistas assumem explicitamente esse papel e pautam muito de sua produção por um ideal que tem pouco de preocupação artística. É por isso que a produção, do ponto de vista estético, fica bastante atrelada ao modelo romântico europeu. Assim como na poesia, a produção romanesca apresenta uma variedade de temas que mesclam as tendências europeias com a preocupação em representar aquilo que nos caracterizaria como um povo diferente dos outros, habitando um jovem país.

(9.1)
As três vertentes do romance romântico no Brasil

Assim como a poesia, a produção romanesca romântica também foi classificada em três grupos: o romance INDIANISTA e/ou HISTÓRICO, o romance REGIONAL e o romance URBANO. Essa classificação também se tornou canônica e é muito utilizada ainda hoje no espaço escolar.

Como toda classificação, ela busca agrupar as unidades (obras literárias) em categorias segundo um critério de semelhança. Nesse caso, o universo representado no texto é que assume o papel de critério para a classificação. Isso significa que, dependendo da sociedade, do espaço e da época histórica, temos um tipo de romance.

O ROMANCE INDIANISTA segue o caminho da poesia, com a mesma temática. Elege o passado remoto brasileiro como foco de seu discurso. Nele observamos um resgate dos primeiros contatos do colonizador português com o indígena brasileiro. Estes são de duas ordens: amistosos, quando o indígena adere à cultura branca, e conflituosos, quando ele resiste ao processo de aculturação imposto pelo colonizador. São textos em que o nacionalismo se revela principalmente por meio da exaltação da natureza, tais como *Iracema*, de José de Alencar.

O ROMANCE REGIONAL nasce nesse período com a missão de descrever o interior do Brasil para a população letrada do litoral. São textos que apresentam minuciosamente o cenário natural, o comportamento dos habitantes do local descrito, suas práticas sociais e valores morais. Um exemplo é *Inocência*, de Visconde de Taunay.

Por fim, o ROMANCE URBANO explora os costumes da corte. Nele observamos a forte influência europeia no que se refere aos hábitos sociais considerados elegantes e civilizados. A vida cultural também é fruto de imitação pura e simples do cenário europeu. Somado a isso, os valores burgueses da jovem sociedade brasileira são apresentados, e os preconceitos e as atitudes consideradas inadequadas são criticados. Romances como *Senhora* e *Lucíola*, de José de Alencar, são exemplos desse tipo de romance.

(9.2)
Joaquim Manuel de Macedo

Joaquim Manuel de Macedo (1820-1882) é um típico homem de letras da época. Envolve-se com o jornalismo, a literatura, outras atividades culturais e também com a política. Muito popular no período em questão, o escritor apresenta uma produção romanesca em que predomina a intriga amorosa, bem ao gosto do público burguês.

Ele produz durante todo o romantismo, pois escreveu desde os anos 1840 os de 1870, o que não é indicativo de progresso em sua técnica literária ou na compreensão do que deveria ser um romance. Ele se contenta em repetir esquemas narrativos de efeito novelesco, sentimental ou cômico que não sofreram modificação ao logo dos 30 anos de sua carreira. Bosi (1994, p. 30) define os recursos empregados pelo autor da seguinte forma:

> *Compõem o quadro desses expedientes: o namoro difícil ou impossível, o mistério sobre a identidade de uma figura importante na intriga, o reconhecimento final, o conflito entre o dever e a paixão (molas romanescas e sentimentais); os cacoetes de uma personagem secundária, as galhofas dos estudantes vazios, as situações bufas (molas de comicidade). Tudo isso vazado numa linguagem que está a meio caminho do coloquial, nos diálogos, e de um literário correto de professor de português e homem do Paço, nas narrações e digressões.*

A síntese de características apresentada por Bosi pode ser encontrada em qualquer romance de Macedo. Segundo Moisés (1984, p. 80), o modelo narrativo da intriga assim se constrói:

> *É a sequência de obstáculos que motiva o desenrolar da história, de modo que a intriga prevalece sobre a análise, num andamento [...] marcado pelo suspense, rumo ao desenlace, quando se desfazem os nós dramáticos e explode o "reconhecimento". O mecanismo do enredo é a coincidência, espécie de deus ex machina imanente, providencialista, gerado pelos padrões sociais em voga, e o encadeamento da ação obedece a uma lógica não causal.*

O principal objetivo do romance macediano é o entretenimento. Por isso, apresenta histórias que atendem às expectativas da pequena sociedade urbana brasileira, oferecendo-lhe um retrato idealizado de si mesma que funciona como uma espécie de compensação imaginária. Ele apresenta "às leitoras o que parecia ser a realidade coeva – e era-o nalguns pormenores (pelo menos os neutros:

vestuários, regras de convívio) – o romancista lhes ofertava a imagem do que aspiravam a ser ou se imaginavam ser" (Moisés, 1984, p. 80).

O todo de sua produção é formado por 17 romances que seguem o modelo de composição do folhetim romântico europeu, mas em ambiente brasileiro. Seu primeiro romance, *A moreninha*, de 1844, logo lhe trouxe prestígio. O texto aborda as relações amorosas dos jovens estudantes e moças e como estes se comportam em relação ao amor, no momento em que o conceito de amor romântico estava em voga.

(9.3)
José de Alencar

José Martiniano de Alencar (1829-1877), de todos os romancistas do período, é o que melhor reflete a imagem do homem de letras. Alencar é o mais importante escritor da prosa romântica brasileira, não só pela obra em si, mas por seu projeto de cobrir, com seus textos, tanto aspectos relativos à história do Brasil, sobretudo aqueles vinculados ao indígena, como aspectos relacionados aos grupos sociais situados no interior do Brasil (regionalismo) e aos grupos urbanos. Como podemos observar, sua produção dá conta dos três tipos de romance anteriormente apresentados. Como diz Costa Lima (1989, p. 145):

> *A preocupação nacionalista do autor o levava a fixar sua pena onde lhe parecesse poder captar um tema nacional. Pratica por isso tanto o romance urbano, quanto o regional, por isso passa do índio para o sertanejo ou até para o gaúcho. A crença na palavra tornava-se crença na capacidade de declarar o nacional.*

Alencar é dono de uma prosa rica de estilo facilmente reconhecido, visto que seu discurso se pauta por um descritivismo que se constrói por meio de uma rica imagética resultante do uso de um grande número de figuras de linguagem. Sua prosa é um desafio para a leitura, mas oferece ao leitor atento uma experiência de linguagem inesquecível.

No que se refere à estrutura da intriga, seus textos seguem o modelo narrativo do folhetim romântico em que o conflito amoroso ganha destaque. Neles o par amoroso sempre atravessa um grande número de percalços, geralmente fruto de diferenças sociais ou raciais. A solução do conflito oscila entre a morte, como no caso de *Iracema* ou de *Lucíola*, e o final feliz, como no caso de *Senhora*.

O que determina o tipo de solução é a possibilidade de união do casal. No caso de *Iracema*, por exemplo, as diferenças que separam o herói branco e a heroína indígena são intransponíveis. Morre, então, Iracema, e seu companheiro, Martim, segue em frente na sua missão de colonizar o país. Já em *Senhora*, o que separa o par Eugênio e Aurélia é uma falha de caráter da personagem masculina, que se comporta de maneira interesseira. Durante a narrativa, o herói se regenera e o final feliz torna-se possível.

Em torno da intriga amorosa, seja no cenário do Brasil selvagem, seja no interiorano, seja no urbano, Alencar constrói um mundo em que apresenta aspectos da cultura brasileira. O problema é que o leitor entra em contato com um misto de observação da realidade e idealização resultante do projeto literário de Alencar que deseja criar um modo de ver o Brasil.

Os textos de Alencar ainda encontram espaço no imaginário brasileiro, apesar de terem sido escritos há mais de um século. As heroínas construídas por ele, sobretudo, deixaram sua marca e foram resgatadas das mais diferentes maneiras: Lúcia, Aurélia, Ceci e, sobretudo, Iracema tornaram-se inesquecíveis.

(9.4)
Visconde de Taunay

Alfredo D'Escragnolle Taunay (1843-1899) é conhecido como escritor romântico sobretudo por *Inocência*, publicado em 1872. O texto é considerado um romance regional, pois elege como cenário o interior do Brasil, chamado pelo narrador de *sertão bruto*. Podemos identificar, pelas minuciosas descrições, a Região Centro-Oeste do país.

Fica claro, pelo discurso do narrador, que um dos objetivos do texto é revelar para o leitor do litoral, principalmente da capital carioca, como vive o povo do interior, quais os costumes e valores que pautam essa sociedade tão distante e, por isso mesmo, tão exótica.

Associado a esse esforço de descrever o interior do país, Taunay desenvolve uma intriga romântica que segue o modelo narrativo dominante no período, sem fugir às características encontradas em qualquer texto romântico.

Moisés (1984, p. 278-279) sintetiza a produção escrita de Taunay da seguinte maneira:

> *Ao contrário do que faz pensar o romance* Inocência *ou do que tem afirmado a história literária, a carreira de Taunay transcorreu sob o signo do paradoxo, tanto mais digno de nota quanto mais o sabemos contemporâneo do Realismo e Naturalismo. Duas fases, cronologicamente, podem ser descortinadas ao longo dessa evolução: a primeira, iniciada em*

1871, com A Morte de Trajano, *abrange os quatro primeiros romances e termina em* Ouro sobre Azul; *a segunda é representada pelos dois romances seguintes (*O Encilhamento *e* No Declínio*) e dois livros de contos (*Narrativas Militares *e* Ao Entardecer*). Entre as duas fases há, como se nota, um hiato de quase 20 anos, indício de mudança ou de pausa retemperadora, preenchido por obras de viagens, além de vários livros em torno de questões políticas, sociais, administrativas, ou de assuntos filosóficos e estéticos, e biografias. Tematicamente, podem-se vislumbrar dois centros irradiadores, a Guerra do Paraguai com o regionalismo que suscitou, e a cidade, em especial o Rio de Janeiro.*

Atualmente, *Inocência* é o texto que permanece e consegue agradar ao público leitor, pois mistura à intriga amorosa romântica certas situações cômicas e crítica social.

(9.5)
Bernardo Guimarães

Bernardo Guimarães (1825-1884) é outro romancista romântico caracterizado como regionalista. Seu texto mais conhecido é *A escrava Isaura,* publicado em 1875. Como esse romance foi adaptado para a televisão e conquistou um grande sucesso, é difícil encontrar alguém que não tenha ouvido falar nele. É um caso em que a obra ultrapassa em muito a popularidade do autor, isto é, muitas pessoas conhecem a história da escrava branca que sofre nas mãos de um senhor cruel, mas essas mesmas pessoas provavelmente não sabem quem foi Bernardo Guimarães.

O regionalismo desenvolvido por esse autor, segundo

Bosi (1994, p. 142), "mistura elementos tomados à narrativa oral, os 'causos' e as 'estórias' de Minas e Goiás, com uma boa dose de idealização. Esta, embora não tão maciça como em Alencar, é responsável por uma linguagem adjetivosa e convencional na maioria dos quadros agrestes".

(9.6)
Manuel Antônio de Almeida

Manuel Antônio de Almeida (1831-1861) foge à regra. Embora tenha escrito durante o período romântico, não aderiu ao movimento e até o ridicularizou. *Memórias de um sargento de milícias*, publicado em folhetim em 1853, é um texto diferente dos de outros romancistas do período. Nele observamos uma opção pela crítica social, feita principalmente por meio do humor e do deboche.

Não há idealização em *Memórias de um sargento de milícias*, e as características da escola romântica não são observadas nele. Muitos críticos literários, como Alfredo Bosi (1994, p. 133, grifo do original), identificam-no como um *romance picaresco*, que:

> *de origem espanhola, desde o* LAZARILLO DE TORMES *(1554) [...], assentava-se inteiramente nas aventuras de um pobre que via com desencanto e malícia, isto é,* DE BAIXO, *as mazelas de uma sociedade em decadência [...]. O pobre, no seu afã de sobreviver, transformava-se em pícaro, servindo ora a um ora a outro senhor e provando com sal da necessidade a comida do poderoso. Ao pícaro é dado o avesso das instituições e dos homens: o seu aparente cinismo não é mais que defesa entre vilões encasacados.*

O romance de Manuel Antônio de Almeida opta pelo desencanto e pela malícia e apresenta, em forma de crônica social, a sociedade carioca do tempo de D. João VI. Nele vemos uma coleção de tipos sociais (o barbeiro, a comadre, o vagabundo), figuras caricaturais e sem profundidade psicológica que permitem que o leitor veja em movimento a trama que forma o tecido social desse período histórico, e que representa a base da sociedade urbana que continuará florescendo pós-independência. Bosi (1994, p. 134) afirma ainda:

> *o realismo de Manuel Antônio de Almeida não se esgota nas linhas meio caricaturais com que define uma variada galeria de tipos populares. O seu valor reside principalmente em ter captado, pelo fluxo narrativo, uma das marcas da vida na pobreza, que [é] a perpétua sujeição à necessidade, sentida de modo fatalista como destino de cada um. Esse contínuo esforço de driblar o acaso das condições adversas e a avidez de gozar os intervalos de boa sorte impelem os figurantes das* MEMÓRIAS, *e, em primeiro lugar, o anti-herói Leonardo, "filho de uma piscadela e de um beliscão" para a roda-viva de pequenos engodos e demandas de emprego, entremeados com ciganagens e patuscadas que dão motivo ao romancista de fazer entrar em cena tipos e costumes do velho Rio.*

O texto é um grande mosaico de aventuras que resgata uma série de comportamentos da jovem sociedade urbana carioca, concentrando-se na classe popular. É com grande ironia que o narrador apresenta um retrato do povo brasileiro. Por tudo isso, além das situações divertidas, do deboche, dos tipos interessantes, o romance em questão é um valioso documento histórico e sociológico.

Atividades

1. O romance romântico brasileiro tem como uma de suas funções principais:
   a. retratar apenas o passado nacional.
   b. contribuir para a constituição de uma identidade nacional.
   c. representar de forma realista a sociedade burguesa do período.
   d. retratar exclusivamente o espaço rural brasileiro.

2. O romance histórico e/ou indianista foi um tipo eleito pelos romancistas do período romântico para:
   a. resgatar o passado brasileiro de forma idealizada.
   b. assumir o lugar do discurso histórico e informar a respeito do passado do país.
   c. apresentar minuciosamente os conflitos entre brancos e índios.
   d. discutir os problemas da colonização brasileira.

3. O principal autor de romances no período romântico foi:
   a. Joaquim Manuel de Macedo.
   b. Bernardo Guimarães.
   c. José de Alencar.
   d. Visconde de Taunay.

4. O romance romântico urbano se dedicou a retratar:
   a. a sociedade burguesa do período, seus costumes e valores.
   b. o início da formação da classe operária brasileira e as dificuldades por ela enfrentadas.
   c. o choque cultural entre as personagens do mundo rural e as do mundo urbano brasileiro.

d. as populações marginais que já ocupavam a cidade do Rio de Janeiro.

5. O romance regionalista assume a função de:
   a. resgatar o passado histórico brasileiro.
   b. criticar os problemas políticos do interior do Brasil.
   c. apresentar o ambiente e a cultura do interior para os leitores do litoral brasileiro.
   d. motivar os leitores do litoral a participarem do processo de povoamento do interior brasileiro.

(10)

O teatro romântico brasileiro

Mara Elisa Matos Pereira

Gênero composto por mais de uma linguagem, pois, além do texto verbal, apresenta recursos tais como a interpretação dos atores, o cenário e o figurino, o teatro, embora diferente do romance e da poesia, que circulam em texto escrito, também faz parte da literatura, por ser texto literário. Pelo fato de também ser espetáculo, acaba por criar em torno de si circunstâncias especiais que envolvem não só os escritores, mas outros tipos de artistas, tais como atores, diretores e cenógrafos. Falar de teatro, então, implica falar de um circuito um pouco diferente do circuito da literatura, pois este último envolve, sinteticamente, autor, editor e leitor.

O teatro, no Brasil, como vimos anteriormente, foi, de início, instrumento de catequização. Os jesuítas o utilizaram, com muito sucesso, para converter os indígenas à fé cristã e manter os brancos da colônia presos a esse credo. Durante o período colonial, não foi mais do que isso. Com a Independência, vemos surgir algo novo. O teatro religioso dá lugar a um teatro voltado, sobretudo, para a apresentação dos costumes e com a vocação de ser entretenimento, ou seja, uma forma de diversão e de interação social, em especial nos centros urbanos. As pessoas iam ao teatro para se distraírem e encontrarem outras pessoas.

Falar do teatro nesse período implica falar dos centros urbanos. As cidades brasileiras, durante o século XIX, ganham vida, movimentação. A economia já não é exclusivamente rural, e uma pequena classe burguesa, formada por comerciantes, funcionários públicos e profissionais liberais, dá sustentação a uma vida urbana que ganha força também com a criação de universidades, as quais fomentam grande parte da agitação cultural.

Nesse cenário de grande expectativa com o novo país, de jovens fortemente influenciados pelo ideário romântico, de intelectuais que acreditam em sua missão de civilizar o que antes era uma colônia sem identidade própria é que surge o teatro romântico, considerado a primeira expressão do teatro genuinamente nacional.

Falar em teatro nesse período significa falar de uma sociedade que quer ser parecida com as que habitam os grandes centros urbanos europeus, uma sociedade que vai ao teatro para se divertir e porque é elegante.

Muitos dos escritores já apresentados neste livro, poetas e romancistas, também escreveram textos para o teatro, mas ficou nas mãos dos atores e empresários do setor levar os espetáculos ao público. Nesse sentido, consideremos o que explica Moisés (1984, p. 101):

> Como se sabe, o renascimento, ou mais propriamente, o nascimento de nosso teatro, deve-se a dois escritores, Gonçalves de Magalhães e Martins Pena, e um ator, João Caetano. Este, que estreara profissionalmente em 1831 no Teatro Constitucional Fluminense (mais tarde voltaria a denominar-se Teatro de S. Pedro de Alcântara), encenara-lhes duas peças em 1838, respectivamente Antônio José ou O Poeta e a Inquisição e O Juiz de Paz na Roça. Inaugurava-se, desse modo, o teatro nacional, de autor e tema brasileiros.

Como o teatro nacional surge sob a pena dos escritores românticos, as primeiras manifestações do pós-independência obedecem, geralmente, ao código estético romântico que moldou as outras produções literárias do período. Em termos de valor, é importante diferenciar um teatro menor, "que se exauriu no programa de nacionalizar a nova literatura, de um teatro que se escorou em textos realmente novos e capazes de enfrentar a cena" (Bosi, 1994, p. 147).

(10.1)
Martins Pena

Luís Carlos Martins Pena (1815-1848) é o grande nome do período, quando falamos em gênero dramático. Conhecido como referência nacional na criação de comédias de costumes em nosso país, são dele os primeiros textos de valor do teatro romântico, os quais, de grande popularidade, não foram superados pelos de nenhum outro comediógrafo do século XIX.

Martins Pena teve seu sucesso vinculado ao nome de João Caetano. A partir da primeira peça encenada por esse ator, o público não cessou de aplaudir a produção do teatrólogo. A popularidade e a importância de João Caetano auxiliaram na consolidação do nome de Pena.

O principal objetivo de Martins Pena era fazer rir, e ele escolheu o caminho da criação de PERSONAGENS-TIPO, que são construídas como tipos sociais, para atingi-lo. As personagens que representavam roceiros e provincianos em contato com a corte caíram nas graças do público e garantem o sucesso de suas peças até os dias atuais.

Como observa Moisés (1984, p. 109):

> *A situação de Martins Pena relativa à Literatura Brasileira lembra Gil Vicente na Literatura Portuguesa: seu teatro parece tão espontâneo quanto o do dramaturgo quinhentista, sem apoio em qualquer tradição no gênero, uma vez que a atividade cênica autóctone nos século XVI a XVIII não conta. Espécie de gênio por geração espontânea, Martins Pena parece não dever nada aos predecessores, não só porque escassos, mas também irrelevantes.*

Martins Pena criava suas peças com base na observação da sociedade carioca. Como produzia um teatro em que o choque entre o POPULAR e PROVINCIANO, de um lado, e o CIVILIZADO e URBANO, de outro, era o que gerava o riso, suas peças se destinavam ao consumo de uma classe que não era por ele ridicularizada. O que ele criticava era tudo aquilo que não se adequava aos valores burgueses. Assim, "ao invés de reconhecer-se no espelho das peças, a classe média contemplava, embevecida e confortada, a punição dos que ousavam desrespeitar-lhe os padrões" (Moisés, 1984, p. 109).

O tom do texto escolhido pelo autor passa do cômico ao satírico. Os tipos por ele criados seriam sempre fonte de riso fácil para o público fluminense. Ele explora a linguagem, as vestes e o comportamento dessas personagens para atingir a comicidade. Martins Pena pode distorcer a realidade por esse processo de tipificação, mas nunca a romantiza, o que imprime uma dose de realismo a sua produção (Bosi, 1994).

O cômico de Martins Pena não é intelectualizado e provoca uma participação mais sensorial por parte do espectador: "Cômico à brasileira, puxando à farsa, à chalaça, ao carnavalesco, ao desabrimento comedido de uma sociedade que, posto que se imagine europeia, é agitada por acessos de tropicalidade sem freio" (Moisés, 1984, p. 109). Assim é o teatro de Martins Pena, reflexo da mistura de influências externas e internas que formaram a cultura nacional do período.

(10.2)
Outros autores

GONÇALVES DE MAGALHÃES, assim como Martins Pena, foi beneficiado pelo trabalho do ator e empresário teatral João Caetano. O poeta praticou o teatro como atividade secundária e seu texto *Antônio José ou O poeta e a Inquisição*, de 1838, é uma peça clássica e muito vinculada ao teatro português. O tema escolhido pertence mais à história portuguesa do que à brasileira, além de apresentar estrutura e forma nos moldes do teatro neoclássico. O texto tem mais valor histórico do que estético e chama a atenção por manter-se preso à tradição portuguesa, visto que Gonçalves de Magalhães assumiu uma forte posição antilusitana.

GONÇALVES DIAS também produziu teatro; sua melhor peça é *Leonor de Mendonça*, de 1847, que segue a linhagem do drama histórico, tão vigoroso na Europa no período romântico. Com base em pesquisas, nessa peça, ele conta uma história ambientada na Portugal de D. João III, em que as personagens assumem um tom grave e nobre de acordo com o drama apresentado: a morte de um casal de amantes, Leonor e Alcoforado, pelo marido traído, o Duque de Bragança. Para compor esse texto, Gonçalves Dias se espelhou no autor português Almeida Garret, mas o "gosto do público não pendeu, entretanto, para esse teatro histórico, sentido provavelmente como 'pesado' e monótono" (Bosi, 1994, p. 152).

JOAQUIM MANUEL DE MACEDO fez sua estreia no teatro com um drama intitulado *O cego*, em 1849. Manteve-se produzindo peças ao longo de toda a sua carreira literária. Seu teatro destinava-se ao puro entretenimento da classe burguesa brasileira da época e, por isso, suas peças envelheceram. A produção teatral de Macedo atualmente serve mais como um documento histórico dos hábitos sociais e culturais da sociedade do período romântico do que como exemplo de atividade literária de qualidade. Dramas e comédias seguem o mesmo modelo, sem profundidade, abordando temáticas como o namoro e a tensão ética entre o dinheiro e o sentimento. Nas comédias, ele satiriza a burguesia.

JOSÉ DE ALENCAR, por sua vez, desenvolveu um trabalho que apresenta tanto o drama de costumes quanto a comédia. Como esclarece Moisés (1984, p. 117):

> *Arrancando das ideias de que pretendia "fazer rir, sem fazer corar [...] ser natural, a ser dramático [...] ser apreciado por aqueles que sabem o que é uma comédia, a ser aplaudido pelas plateias", Alencar punha-se frontalmente contra Martins*

Pena e Macedo, – e assim comprometia todo o seu teatro. [...] Em parte por derivar da teoria para a prática, obrigando-se a uma contensão que se diria clássica, ou pelo menos antirromântica na medida em que atentava contra o princípio da liberdade criadora.

O teatro produzido por Alencar, pela escolha de temas variados, diferentemente de outros autores que repetiam sempre a mesma temática, pode ser considerado mais ousado do que o de Martins Pena e o de Joaquim Manuel de Macedo, que insistiram na produção de personagens-tipo, mas ganharam em espontaneidade.

Atividades

1. O teatro romântico brasileiro pode ser considerado:
   a. um seguidor fiel do teatro religioso produzido no período colonial.
   b. a primeira manifestação nacional de nosso teatro.
   c. uma produção presa às regras de composição neoclássica.
   d. uma produção sem nenhuma relevância para a construção do teatro brasileiro como um todo.

2. A forma dramática que obteve maior sucesso no Brasil durante o romantismo foi:
   a. o auto.
   b. a tragédia.
   c. a tragicomédia.
   d. a comédia.

3. Martins Pena ganhou um lugar de destaque no teatro nacional a partir de produção de:
   a. comédias de costumes.
   b. tragédias familiares.
   c. dramas históricos.
   d. melodramas.

4. A produção teatral de José de Alencar:
   a. possui muito mais qualidade do que seus romances.
   b. é fortemente influenciada pelo teatro neoclássico.
   c. é rica em espontaneidade.
   d. é imoral e por isso foi censurada.

5. Uma das características que garantiram o sucesso das peças de Martins Pena foi:
   a. a temática histórica.
   b. o nacionalismo.
   c. a criação de personagens-tipo.
   d. os dramas sociais.

Referências

AGUIAR E SILVA, Vitor Manuel de. *Teoria da literatura*. Coimbra: Almedina, 1979.

ALVES, Castro. *Poesias completas*. Rio de Janeiro: Ediouro, 1995.

AZEVEDO, Álvares de. *Lira dos vinte anos*. São Paulo: M. Claret, 2003.

BARBOSA, Frederico (Org.). *Clássicos da poesia brasileira*. Porto Alegre: Klick, 1997.

BOSI, Alfredo. *História concisa da literatura brasileira*. 35. ed. São Paulo: Cultrix, 1994.

_____. _____. 49. ed. São Paulo: Cultrix, 2008.

BYRON, Lord. *As trevas e outros poemas*. São Paulo: Saraiva, 2007.

CADEMARTORI, Lígia. *Períodos literários*. São Paulo: Ática, 2000. (Série Princípios).

CAMINHA, Pero Vaz de. *Carta ao Rei Dom Manuel*. Porto Alegre: Mercado Aberto, 1999.

CAMÕES, Luís Vaz de. *Os Lusíadas*. Rio de Janeiro: Agir, 1960.

CANDIDO, Antonio; CASTELLO, José Aderaldo. *Presença da literatura brasileira*: das origens ao romantismo. São Paulo: Difel, 1990. v. 1.

CARRIZO, Silvina. *Fronteiras da imaginação*: os românticos brasileiros – mestiçagem e nação. Niterói: EdUFF, 2001.

CASTELLO, José Aderaldo. *A introdução do romantismo no Brasil*. São Paulo: Difusão Europeia do Livro, 1988.

CAVALCANTE, Moema. *Por mares muito antes navegados*: a tradição de Camões na literatura brasileira. Canoas: Ed. da Ulbra, 2001.

_____. *Pré-emergência da literatura brasileira em relação a Portugal e Espanha*: a "Guerra" de Gregório de Matos. Canoas: Ed. da Ulbra, 2002.

COSTA LIMA, Luiz. *O controle do imaginário*: razão e imaginação nos tempos modernos. Rio de Janeiro: Forense Universitária, 1989.

COUTINHO, Afrânio. *Introdução à literatura no Brasil*. 7. ed. Rio de Janeiro: Civilização Brasileira, 1975.

DIAS, Gonçalves. *I-Juca Pirama. Os Timbiras. Outros poemas*. São Paulo: M. Claret, 2003.

_____. *Primeiros cantos*. [S.l.]: VirtualBooks, 2000. Disponível em: <http://virtualbooks.terra.com.br/freebook/port/primeiros_cantos.htm>. Acesso em: 22 jul. 2011.

DURÃO, Frei José de Santa Rita. *Poesias*. Rio de Janeiro: Agir, 1991.

ENCYCLOPAEDIA BRITANNICA DO BRASIL. *Enciclopedia Barsa*. São Paulo, 2004.

FRANCHETTI, Paulo. A poesia romântica. In: PIZARRO, Ana (Org.). *América Latina*: palavra, literatura e cultura. São Paulo: Ed. da Unicamp, 1994.

GAMA, Basílio da. *O Uraguay*. Rio de Janeiro: Agir, 1964.

GÂNDAVO, Pero de Magalhães. *História da Província de Santa Cruz*. Belo Horizonte: Itatiaia, 1980.

GOETHE, Johann Wolfgang von. *Os sofrimentos do jovem Werther*. São Paulo: Círculo do Livro, 1988.

GOMES, Eugênio (Org.). *Vieira*: Sermões. Rio de Janeiro: Agir, 1994.

HUGO, Victor. *Os miseráveis*. São Paulo: Húmus, 1979.

HUTCHEON, Linda. *Poética do pós-modernismo*. Rio de Janeiro: Imago, 1991.

LUKÁCS, Georg. *A teoria do romance*. São Paulo: Ed. 34, 2000.

MAGALHÃES JUNIOR, Raymundo. *Antologia de humorismo e sátira*: de Gregório de Matos a Vão Gôgo. 3. ed. Rio de Janeiro: Bloch Editores, 1998.

MATOS, Gregório de. *Obra poética*. Rio de Janeiro: Record, 1992.

MEIRELES, Cecília. *Romanceiro da Inconfidência*. São Paulo. Círculo do Livro, [19--].

MOISÉS, Massaud. *História da literatura brasileira*. São Paulo: Cultrix: 1984. v. 2: Romantismo.

_____. *História da literatura brasileira*. São Paulo: Cultrix, 2001. v. 1: Das origens ao romantismo.

PROENÇA FILHO, Domício. *Estilos de época na literatura*. São Paulo: Ática, 2002.

RODRIGUES, José Honório. *História da história do Brasil*: 1ª parte – historiografia colonial. 2. ed. São Paulo: Nacional, 1979.

VERÍSSIMO, José. *História da literatura brasileira*. São Paulo: Record, 1998.

Gabarito

Capítulo 1
1. c
2. b
3. d
4. b
5. a

Capítulo 2
1. c
2. d
3. d
4. d
5. b

Capítulo 3
1. c
2. b
3. a
4. d
5. a

Capítulo 4
1. b
2. d
3. b
4. d
5. a

Capítulo 5
1. b
2. a
3. c
4. a
5. b

Capítulo 6
1. c
2. b
3. c
4. a
5. c

Capítulo 7
1. c
2. c
3. b
4. a
5. d

Capítulo 8
1. b
2. c
3. a
4. c
5. a

Capítulo 9
1. b
2. a
3. c
4. a
5. c

Capítulo 10
1. b
2. d
3. a
4. b
5. c

Impressão: BSSCARD
Agosto/2013